U0498764

汉译世界学术名著丛书

论存在者与本质

〔意〕托马斯·阿奎那 著

段德智 译

商务印书馆
创于1897 The Commercial Press

S. Thomae de Aquino

DE ENTE ET ESSENTIA

[Ed. H. F. Dondaine, O. P.]

S. Thomae de Aquino OPERA OMNIA..., t. XLIII (Opuscula IV).

Editori di San Tommaso

ROMA 1976 (pp. 369-381)

本书据《托马斯·阿奎那全集》罗马圣托马斯出版社1976年版译出

汉译世界学术名著丛书
出版说明

我馆历来重视移译世界各国学术名著。从 20 世纪 50 年代起，更致力于翻译出版马克思主义诞生以前的古典学术著作，同时适当介绍当代具有定评的各派代表作品。我们确信只有用人类创造的全部知识财富来丰富自己的头脑，才能够建成现代化的社会主义社会。这些书籍所蕴藏的思想财富和学术价值，为学人所熟知，毋需赘述。这些译本过去以单行本印行，难见系统，汇编为丛书，才能相得益彰，蔚为大观，既便于研读查考，又利于文化积累。为此，我们从 1981 年着手分辑刊行，至 2013 年年底已先后分十四辑印行名著 600 种。现继续编印第十五辑。到 2015 年年底出版至 650 种。今后在积累单本著作的基础上仍将陆续以名著版印行。希望海内外读书界、著译界给我们批评、建议，帮助我们把这套丛书出得更好。

商务印书馆编辑部

2015 年 3 月

目　　录

引　　言

按照哲学家[1]在《天地篇》[2]第1卷中的说法，差以毫厘，失之千里。[3]因此，既然一如阿维森纳在其《形而上学》的开场白中所说，存在者[4]与本质是理智的原初概念（primo intellectu concipiuntur），[5]则为避免由于对它们的无知而滋生错误，并探究有关难点，我们首先就应当阐明存在者与本质这两个术语的含义，它们各自是怎样显现在形形色色的事物中，又是怎样相关于属相、种相与种差这样一些逻辑概念[6]的。

既然我们应当由复合事物领悟单纯事物的知识，由经验的事物认识先验的事物，则我们在学习时从比较容易的东西起步就是恰当的了。因此之故，我们将从解说存在者（entis）的含义起步，然后进展到解说本质的含义。[7]

注释

〔1〕指古希腊古典时期的哲学家亚里士多德。

〔2〕原文为 *Caeli et Mundi*，大陆学者通常译作《论天》，似欠妥。

〔3〕亚里士多德：《天地篇》，I，5，271b8—13。阿维洛伊在《〈论灵魂〉注》，Ⅲ，评注4中也说过类似的话。参阅托马斯：《〈天地篇〉注》，第9讲，§4；雷奥尼内编，Ⅲ，第38页。

〔4〕原文为“*ens*”。许多人译作“存在”或“在”，似欠妥。

〔5〕阿维森纳：《形而上学》，Ⅰ，6（维尼斯，1508年），72rb页以下。阿维森纳断言，人类理智的四个发展阶段依序是：物质理智，习惯理智，现实理智和获得理智。托马斯在《真理论》，Ⅰ，1中，曾经对原初概念的意义作出过解释，断言理智首先认识到的是存在者。请参阅托马斯·阿奎那：《何谓真理?》，段德智译，《世界哲学》2008年第4期，第92—96页。关于作为理智的原初的和自然的对象的存在，请参阅《神学大全》Ⅰ，5，2；Ⅰ，85，3；Ⅰ，87，3，答1；Ⅰ—Ⅱ，94，2；《反异教大全》，Ⅱ，83，§31；《〈形而上学〉注》，Ⅰ，第2讲，§46；《〈形而上学〉注》，Ⅳ，第6节，§605。也请参阅L.M.雷吉斯：《认识论》，纽约，1959年，第284—289页。

〔6〕概念一词原文为“Intentiones”。拉丁词intentio是经院哲学家用作阿拉伯语中表示概念的词的译文。参阅A.M.郭依空：《伊本·西纳（阿维森纳）语言哲学汇编》，巴黎，1938年，第253页，第469节。在圣托马斯看来，逻辑概念并不是原初的概念，而是派生的概念。原初概念或第一概念是关于实在的概念，第二概念则是由理智反思它自身或它理解的方式时形成的。它们不是关于实在的概念，而是关于概念的概念。关于概念，请参阅R.斯密特：《圣托马斯·阿奎那的逻辑域》（海牙，1966年）；H.D.希莫南：“圣托马斯·阿奎那著作中的‘意向性’概念”，《科学哲学与神学评论》，19（1930年），第445—463页；A.哈岩：《论圣托马斯哲学中的意向性概念（Intentionnel）》，巴黎，1942年，第47—53页；J.欧文斯：《基督宗教形而上学入门》，米尔沃克，1963年，第237—241页。后来，奥卡姆的词项逻辑中所讲的“第一概念”和“第二概念”之分与此有某种关系。不过该词在许多场合下被译作“意念”，也没有什么不妥。A.莫勒在阐释托马斯·阿奎那的“概念学说”时，曾将“形而上学概念”称作“第一概念”，将作为“概念的概念”的“逻辑概念”称作“第二概念”。参阅《圣托马斯·阿奎那：〈论存在者与本质〉》，A.莫勒译，中世纪教宗研究所，1968年，第12—13页。

〔7〕托马斯沿袭亚里士多德的学习规则:从容易理解的东西开始进展到比较困难的东西。在亚里士多德看来,我们必须从一般概念开始,把它们分解成特殊的概念。亚里士多德说:"对我们来说明白易知的,首先是一些未经分析的整体事物(ta sugkekhumena)。而它们的元素和原则,则是在从这些整体事物里把它们分析出来以后才为人们所认识的。因此,我们应当从具体的整体事物进到它的构成要素。因为为感觉所易知的是整体事物。这里把整体事物之所以说成一个整体,是因为它内部有多样性,有它的许多构成部分。"(《物理学》,Ⅰ,1,184a22—b9)虽然元素和原则就本性而言是先于它们构成其部分的复合物的,但是,它们却是在复合物之后被认识到的。参阅亚里士多德:《分析后篇》,Ⅰ,1—2,71a—72b4;《形而上学》,Ⅶ,3,1029b1—7。也请参阅托马斯:《〈形而上学〉注》,Ⅶ,第2节,§1300—1305。存在者(ens)能够被分析成两项原则:本质与存在(esse)。因此,它是一个复合概念;本质是它的构成因素之一,它的概念只有在我们认识到了一个存在者的意义之后才能抽象出来。存在者、存在和本质这些形而上学术语在拉丁语中都起源于其意义为"我是"的"sum"。请参阅莫勒:《圣托马斯·阿奎那:〈论存在者与本质〉》,多伦多:宗座中世纪研究所,1968年,第13—14页;E. 吉尔松:"关于是这个词的注释",《中世纪研究》,1946年第8期,第150—158页;吉尔松:"论奥维涅的威廉的存在概念",《中世纪学说和文献历史档案》,15(1649年),第55—91页;吉尔松:《圣托马斯·阿奎那的基督宗教哲学》,L. K. 舒克译,纽约,1956年,第29页;G. B. 费兰:"圣托马斯的存在主义",费兰:《论文选集》,多伦多,1967年,第81页;威廉·巴雷特:《非理性的人》,段德智译,上海:上海译文出版社,1992年,第223—224页。

第一章　“存在者”与“本质”这两个词的普遍意义

因此，我们必须认识到，一如哲学家在《形而上学》第5卷中所说，对存在者(ens)本身可以用两种方式加以解说：按照一种方式它可以区分为十个范畴；按照另一种方式它则可以意指命题的真实性。[1]这样两种方式之间的区别在于：按照第二种方式，任何事物，凡是能够对之形成一个肯定命题的，就可以被称作存在者，即使那命题并没有肯定什么东西实际存在，亦复如此。这样一来，缺乏(privationes)和否定(negationes)也就可以算作存在者了。[2]因此，我们可以说“肯定是与否定相对立的”以及“盲是存在于眼中的”。但是，按照第一种方式，则没有什么能够说成是存在者，除非能够指出有什么事物实际上存在。这样一来，盲以及诸如此类的东西就不再能够说成是存在者了。[3]

因此，“本质”这个词就不是由言说存在者的第二种方式(secundo modo)产生出来的。因为按照这种方式，一些事物虽然被称作存在者，但是却并不具有本质，这在缺乏的情况下很清楚。毋宁说，“本质”这个词是由言说存在者的第一种方式产生出来的。因此，评注家[4]在亚里士多德解说存在者的两种方式的地方[5]评论说：“只有按照第一种方式解说的存在者才可以说是内蕴有一件事物本质的东西。”[6]而且，既然如上所述，[7]按照这种方式所言说的存在者可以区分为十个范畴，则所谓本质就应当意指那些为所有自然事物(omnibus naturis)所共有的东西，各种不同的存在者就是据此归属到各种不同的属相和种相之下的，如人性乃人的本质，如此等等。

由此看来，既然事物用以充当其属相和种相的东西即是表明这件事物是其所是的定义所意指的东西，则哲学家们因此也就用“实质”这个词取代本质一词。[8]哲学家常常称之为一件事物藉以成为该物的东西，[9]即那种使一件事物成为其所是的东西。本质也被称作形式(forma)，[10]因为如阿维森纳在《形而上学》第2卷中所说，每一件事物的真实性[11]都是藉形式表示出来的。[12]如果按照波爱修在其著作《论两种本性》中所指出的本性的四种意义中的第一种，则本质又可以称作本性。[13]因为按照这种意义，所谓本性即是我们所宣称的一切以无论什么方式能够为理智所领悟的东西。因为没有什么事物能够不藉定义和本质而成为可理解的。所以，哲学家在《形而上学》第5卷中说，每个实体都是一种本性。[14]但是，“本性”[15]这个词在这种意义下似乎意指一件事物藉以规定其特殊活动的本质，因为没有什么事物是可以脱离其特殊的活动而孤立存在的。“实质”这个词确实是源于为定义所意指的东西。然而，它之所以被称作本质，[16]却是因为这存在者只有藉着它并且在它之中才具有存在的。[17]

但是，因为“存在者”这个词是绝对地和首先用来言说实体的，[18]是随后并且是在次要的意义上用来言说偶性的，故而本质也就内在地和真实地存在于实体之中，而只是以一定的方式并且是在从属的意义上才存在于偶性之中的。再者,虽然有些实体是单纯的,有些实体是复合的,[19]但本质却存在于两者之中。不过,由于单纯的实体是以更加卓越的方式具有存在的,本质也就以更为真实、更为卓越的方式存在于它们之中。因为单纯实体是复合实体的原因,至少就第一单纯实体(substantia prima simplex)即上帝而言是如此。然而,由于这些实体的本质对我们更其隐蔽而不易辨认,故而我们应当从复合实体的本质入手,一如从比较容易的事情起步,学习起来就比较顺当一些。

注释

〔1〕亚里士多德:《形而上学》,V,7,1017a22—35。所谓存在者之被分作十类,也就是亚里士多德所说的十个范畴,它们是:实体,数量,性质,关系,地点(位置),时间,姿态,状况(所有),活动(主动)与承受(被动)。据此,一个存在者就是任何一个处于实体范畴或九个偶性之一的范畴之中的事物;例如"人"或"白色"性质即是一个存在者。存在者本身(ens per se)就区别于存在者与偶性的结合(ens per accidents),如"白人",或"音乐家"。按照第二种意义,存在者本身是一个主词与一个谓词在一个命题中的结合。"is"这个系词是存在者的这种样式的符号,它显然只存在于形成该命题的心灵之中。系词"is"意指该命题是真的。因此,存在者的这种样式意指一个命题之为真。参阅托马斯:《〈形而上学〉注》,V,第9节;《〈形而上学〉注》,X,第3节,§1982;《托马斯·阿奎那论文集》,Ⅱ,3;IX,3。

〔2〕Privationes 从逻辑学的角度,亦可译作"性质丧失"或"负性质"。

〔3〕这并不意味着,诸如盲一类的恶,是不真实的,是不能在实在中发现的,而仅仅存在于心灵中,像威廉·巴雷特在他的《非理性的人》(纽约,抛锚丛书,1962年)第288页中对这一段所解释的。对此,也请参阅巴雷特:《非

理性的人》,段德智译,上海:上海译文出版社,1992 年,第 305—306 页。巴雷特写道:“中世纪把所有否定的实存(包括缺乏)都看作概念的存在。关于缺乏,圣托马斯曾举出过一个例子,这就是盲。盲不是一个实在的实存;虽然眼是实在的,而且白内障或另外一个可能长得覆盖住眼球而引起眼瞎的实体也是实在的;但是,我们若要说这盲本身、这看不见是一种实存,就只有在‘这眼看不见’这个命题是真的意义上,也就是说只有当我们在谈论一个盲人时断言这种情况是什么这种场合才行。”托马斯说:恶是在事物中被发现的,就像它们应当具有的一种善的缺乏那样。作为一种善的缺乏或不在,恶并不是具有本质或存在(esse)的一件事物或一个存在者。然而,当我们想到它时,我们就设想它好像是一个存在者,从而在我们的思想中赋予它一个存在者的身份。参阅托马斯:《神学大全》,I,48,2;《反异教大全》,Ⅲ,7,8,9;《论恶》,I,1;《〈箴言四书〉注》,I,第 46 章,问题 1,款 2,答 1;曼德纳特编,I,第 1054 页。所谓缺乏远非缺少存在的含义;按照托马斯的观点,地狱本身就是恩典和福见上帝的缺乏。参阅《〈箴言四书〉注》,Ⅲ,第 22 章,问题 2,款 1,解答 2;穆斯编,Ⅲ,第 670 页。

〔4〕指中世纪西部亚里士多德主义的最著名的代表人物伊本·鲁西德(Ibn Rushd,1126—1198),拉丁名字为阿维洛伊(Averroe)。

〔5〕即亚里士多德的《形而上学》的第 5 卷第 7 章。

〔6〕阿维洛伊:《〈形而上学〉注》,V,第 14 章,55va56 以下。

〔7〕参阅本著第 1 章第 1 节。

〔8〕“实质”这个词的原文为 quidditas,对应英文为 quiddity,其基本含义为事物的逻辑实质或本性。该术语最早是由阿维森纳的拉丁译著引进哲学中,用来表示亚里士多德在第二实体(一件事物之所是)与第一实体(个体事物本身)之间所作的区别。因此,quidditas 这个词通常用作形式、本性和本质的同义语。但是,为区别计,我们权且将它译作实质,以突出其内蕴的事物的逻辑实质这样一层含义。在阿维森纳这里,quidditas 这个词大体相当于希腊

语中事物中的"必然存在的东西"这样一个意思。就此而言,阿维森纳这里的quidditas与波爱修的subsistantia相当,所表示的都是种相和属相这样一类性质的实在性,且与个体事物本身或具有偶性的实体(subsitantia)相对照。后来,巴克莱也曾讨论到"关于实质、实体或存在的肯定的抽象观念"。不过,巴克莱从经验主义立场出发,对抽象观念持消极态度,极力倡导所谓"具体思维"。

〔9〕"一件事物藉以成为该物的东西"的原文为"Quod quid erat esse",是对亚里士多德有关词组的字面翻译。这是一件事物之"所是"(the 'whatness' of a thing):是对"它本质地和必然地是什么?"这样一个问题的回答。从逻辑的观点看,它是一种完全的特定的定义;从形而上学的观点看,它是该事物的形式的可理解的完满性,是与其不可理解的质料相对立的。对于亚里士多德的这个术语,英文中并没有充分对应的翻译。W. D. 罗斯建议译作"What a thing was to be"("一件事物之所是");J. 欧文斯将它译作"what-Is-Being",其中大写的IS表达的是形式的无时间限制的存在。参阅罗斯:《亚里士多德的形而上学》,牛津,1924年,I,第127页;欧文斯:《亚里士多德形而上学中的存在学说》第2版,(多伦多,1963年),第180—188页。参阅托马斯:《〈形而上学〉注》,VII,第5节。

〔10〕形式,在眼下这个语境中,意指的是一件事物的整个本性或本质。它并不是实体的形式,实体的形式与质料一起,构成了物质实体。形式的这两个意义分别被称作"整体的形式"(forma totius)和"部分的形式"(forma partis)。前者是整个本质,在物质实体的情况下,包括实体的形式和质料两者,例如,人就是这样。后者构成本质的一个部分,与质料结合在一起构成了一件物质事物的完全的本质。例如,一个生物的灵魂就是这样。参阅本著第2章第11节。

〔11〕Certitudo,中世纪翻译家用这个拉丁词所表达的阿拉伯词具有完满性或完全确定性的意义。一方面,它意指一件事物的客观真理,另一方面,

它又意指关于它的精确而清楚的知识。参阅 A. M. 郭依空:《伊本·西纳(阿维森纳)关于本质与存在的区分》,巴黎,1937 年,第 34 页,注 7。

〔12〕阿维森纳:《形而上学》,Ⅱ,2,76ra 以下。参阅 I,6,72ra 以下;Ⅲ,5,80rb 以下。

〔13〕波爱修:《论位格与两种本性》,I;见 J. P. 米涅:《拉丁教父全集》,巴黎,1844—1855 年,64,1341BC。参阅本节下面关于“本性”的注释。

〔14〕亚里士多德:《形而上学》,V,4,1014b35。

〔15〕本性的原文为“natura”。从语源上讲,拉丁词 natura,其含义为“出生”。托马斯说,natura 这个词首先意指生物的出生,其次是出生的内在活动原则,再次是变化或运动的任何内在原则。因此,质料和形式的内在原则被称作“本性”。最后,一件事物的特殊的由它的定义表达出来的本质,之所以被称作本性,乃是因为它是生育的目标。参阅托马斯:《神学大全》,Ⅲ,2,1。

〔16〕意为“本质”的拉丁词 essentia 源于不定式 esse,其意为“去存在”(to be)。这样,本质的这样一个辞源便使它同存在者发生了关联。按照托马斯的观点,本质与本性或实质是一回事,但是却被设想为存在者的潜在性。“我把其现实性是存在者的东西称作本质。”(《〈箴言四书〉注》,I,第 23 章,问题 1,款 1;曼德纳特编,I,第 555 页。)

藉抽象设想的本质与现实存在的事物,如人,是同源的。精确设想的本质则是该事物形式的原则,如人性。关于存在于设想本质的这样两种方式之间的区别,参阅 J. 欧文斯:《基督宗教形而上学入门》,米尔沃克,1963 年,第 132—133 页。参阅托马斯:《反异教大全》,I,21,§5。

〔17〕本句的原文为“per eam et in ea ens habet esse”。其中 ens 被译为“存在者”,而 esse 则被译为“存在”。关于“ens”与“esse”的译法,请参照 A. C. 佩吉斯:《圣托马斯·阿奎那:论天主教信仰的真理(〈反异教大全〉)》,第 1 卷,纽约,1955 年,第 50 页;吉尔松:《圣托马斯·阿奎那的基督宗教哲学》,第 29 页;威廉·巴雷特:《非理性的人》,段德智译,上海:上海译文出版

社,1992 年,第 223—224 页。

这并不意味着是本质将存在赋予了实体,而是意味着实体是在本质之中并藉着本质而获得了存在。参阅吉尔松:《圣托马斯·阿奎那的基督宗教哲学》,纽约,1956 年,第 448 页,第 30 节。

存在者(ens)是那种存在或具有存在(esse)的东西。参阅托马斯:《〈形而上学〉注》,XⅡ,第 1 节,§2419。存在(esse)则是那种使一件事物成为一个存存在者的现实性。存在是一种存在活动(actus essendi)。一件事物的存在(esse)是它的最高的完满性。因为倘若没有它,这件事物就将什么也不是。它是"所有现实性的现实性,所有完满性的完满性"(《论上帝的力量》,VII,2,答 9)。作为存在的存在活动是"那种在每一件事物中最内在的东西,是所有事物中最深层的内容。因为对于在一件事物中所发现的一切来说,它是形式的"(《神学大全》,I,8,1)。参阅吉尔松:《基督宗教哲学原理》,纽约,1960 年,第 113—114、118—119、178、189—191 页;《圣托马斯·阿奎那的基督宗教哲学》,纽约,1956 年,第 29— 45 页;费兰:《论文选集》,多伦多,1967 年,第 41—94 页;欧文斯:《基督宗教形而上学入门》,第 60—62 页。

〔18〕实体是"一件具有存在却不存在于一个主体中的事物";是"那种具有它所属的实质却不存在于另一个之中的东西"(《反异教大全》,I,25,§10)。实体是一种能够通过它自身而存在的东西或本质,与偶性不同,后者只能存在于作为主体的实体之中。严格说来,它只能是那种存在或具有存在的东西。既然上帝是存在本身而不是具有存在,则他严格说来就不是一个实体。(《反异教大全》,I,25)关于实体、独立存在(subsistence)、位格与本质的区别,请参阅《〈箴言四书〉注》,I,第 23 章,问题 1,款 1;曼德纳特编,第 553—557 页。也请参阅吉尔松:《圣托马斯·阿奎那的基督宗教哲学》,第 30—36 页。

〔19〕关于单纯的或非物质的实体与由质料和形式复合而成的实体之间的区别,请参阅托马斯:《论独立实体》。托马斯追随亚里士多德,在其《〈形而上学〉注》VII 中,曾论及感性实体,在卷 XI 中曾论及非物质实体。

第二章　作为在复合实体中所发现的本质

在复合实体中，有形式和质料的标记(nota)，例如人身上就有灵魂和身体。既然如此，我们便不能够说单单形式和质料中的任何一方都可以称作复合实体的本质。单单一件事物的质料之不能构成复合实体的本质这一点是很明显的。因为事物是藉着它的本质而成为可认知的，也是藉着它的本质被安排在它的种相或者属相之下的。而质料却构成不了认识的原则；一件事物之归属于它的属相或种相，也不是由它的质料决定的，而毋宁说是由某种现实的东西决定的。[1]单单形式也不能够说成是复合实体的本质，即便有人极力主张这样。[2]因为据此看来，一件事物的本质显然就只是该事物的定义所意指的东西了。[3]但是，自然实体的定义不仅蕴涵有形式，而且还蕴涵有质料；否则，自然实体的定义与数学定义就会毫无二致。[4]也不能说质料之安置在自然实体的定义中就像把某种东西附加到它的本质之上，或者说就像某一存在者处于它的本质之外。这种定义方式只适合于偶性；而偶性所具有的本质是不完满的。因为在它们的定义中是包含有它们的主词(subjectum)的，而主词是处于它们的属相之外的。由此可见，本质显然是蕴涵有质料和形式的。

但是，我们也不能因此说：本质意指介乎质料与形式之间的那种关系，或是一种附加到它们之上的东西。因为如是，则本质就势必成了事物的偶性和外在于事物的东西，而事物也就不可能藉它的本质而得到认识，而这一切却恰恰是适合于本质的。因为形式乃质料的现实，质料是藉着形式才成为现实的存在者和一定种类的事物的。因此，那随后到来附着其上的东西（quod superadvenit）并不能赋予质料以绝对现实的存在，而毋宁是赋予其具有这种那种性质的现实的存在，就像偶性的功能那样，例如，白就只能够使一件事物现实地成为白的。所以，当获得这样的形式之后，我们并不能够绝对地说一事物产生出来了，而只能够就某个方面而言说它随后产生出来了。

这样，唯一的可能性便在于：所谓本质，在复合实体的情况下，无非意指由质料与形式复合而成的东西。这一结论与波爱修在《〈范畴篇〉注》中的说法倒是一致的。在其中，波爱修指出：本质（ousia）意指一复合而成的东西（*compositarum*）。[5] 因为希腊语中的 ousia 与我们所说的 essentia 是同义的，一如波爱修本人在《论两种本性》一书中所说的那样。[6] 阿维森纳甚至说过：复合实体的实质不外乎形式与质料的合成本身。[7] 评注家在评注《形而上学》第 7 卷时也曾经指出："可产生的事物的种相所具有的本性在于一个处于中项的东西，也就是说，是那种由质料与形式合成的东西。"[8] 再者，这也是合乎理性的。因为复合实体的存在既不单单是形式，也不单单是质料，而毋宁说是它们两者的合体。所谓本质也就是事物藉以被说成存在（esse）的东西。[9] 因此，本质这种一件事物藉以被称作存在者的东西，便既不应当单单是形式，也不应当单单是质料，而应当是它们两者，尽管只有形式才适合构成这样一类存在的原因。同样，在由多项原则构成的别的类型的事物中，我们也看到这类事物并不只是由这些原则中的这项原则或那项原则命名的，而毋宁是取自这两者的。例如，就味觉而言，这一点就很清楚。众所周知，甜味是由溶解湿性事物（humidum）的动物的发热的活动造成的。然而，尽管热气在这种情况下是甜味的原因，但一件事物之称为甜的，并不仅仅是由于它的温度，而是由于它的味道，而它的味道则是整合了热气与湿性东西二者的。[10]

然而，既然质料乃个体化原则（individuationis principium），则似乎因此就可以说：自身同时蕴涵有质料和形式的本质就只能是特殊的，而不可能是普遍的。由此也就可以得出结论说：要是所谓本质即是由定义指明的东西，则对普遍的共相（universalia）便不可能下任何定义。所以，我们应当明白：并非以任何方式理解的质料都能够构成个体化原则，只有特指质料（materia signata）才行。[11]而我所谓特指质料是指那种被认为有确定维度（determinatis dimensionibus）的质料。[12]不过，这种质料并不是被安置在人之为人的定义中，而是被安置在苏格拉底的定义中，如果苏格拉底有定义的话，事情就是如此。然而，被安置在人的定义中的是一种泛指质料。因为在人的定义里所安置的，并不是这根骨头和这块肌肉，而只是绝对的骨和肉，而这种绝对的骨和肉正是人的泛指质料。[13]

由此看来，很显然，人的本质与苏格拉底的本质，除去特指与非特指外，便没有什么不同。故而，评注家在《〈形而上学〉注》的第7卷中说："苏格拉底无非是作为他的实质的动物性和理性而已。”[14]同样，属相的本质与种相的本质也只是依照特指与非特指而有所分别，尽管在这两种情况下，指定的方式有所不同：因为相关于种相的个体的指定是藉有维度的质料实现出来的，而相关于属相的种相的指定则是藉一种源于该事物的形式的建构性种差(differentiam constitutivam)实现出来的。然而，这种存在于相关于属相的种相中的这样一种确定或指定，并不是由存在于种相的本质中而根本不存在于属相的本质中的某种东西造成的。正相反，凡是存在于种相中的，只要是尚未确定的，也就都存在于属相中。要是“动物”不是“人”之所是的全部，而只是他的一个部分，则“动物”就不可能用来述说“人”。因为任何一个为整体所不可或缺的部分都是不可能用来述说它的整体的。

如果审视一下意指动物之一部分的物体何以有别于意指一个属相的物体，我们就会明白事情何以会是这样。因为物体在其作为构成整体不可或缺一部分的意义上，是不可能成为一个属相的。简言之，物体这个词是可以容许有多个意义的。[15]就实体属相而言，物体这个词是能够用来称呼那种具有能够在其中被指明有三个维度这样一种本性(naturam)的东西的；但这三个确定的维度本身，就量的属相而言，亦即物体。然而，有时也会出现这样的情况，这就是：具有一种完满性的事物还有望获得更进一步的完满性。这在人身上是很明显的。因为他具有感觉本性，除此之外，他又可以进一步具有理智本性。同样，在具有在其中可以指明的三维性这样一种形式的完满性之外，还可以加上另外一种完满性，如生命或诸如此类的东西。所以，物体这个词能够意指的是这样一种东西，它所具有的是这样一种形式：它只允许其中蕴涵有三维的限定性而不考虑任何别的限定性，[16]以至于由这种形式生发不出任何更进一步的完满性；如果有别的东西附加上去的话，那就逸出了这样理解的物体的意涵了。物体就是这样成为生物的不可或缺的质料的部分的。因为灵魂将超出物体这个词所意指的范围，而以一个生物由物体（身体）和灵魂这两样东西作为其两个部分的构成方式，结合到这物体（身体）上去的。

"物体"这个词还可以被理解为意指一定的事物，这种事物具有这样一种形式，在其中能够指出三个维度，而不管这种形式究竟是什么样的，也不管是否有某种更进一步的完满性能够由之生发出来。在这个词的这个意义上，物体就成了动物的属相。因为动物并不包含任何物体中所不蕴涵的任何东西。而灵魂也不是某种有别于赋予事物三个确定维度的形式。因此，当我们说一个物体即是那种其中具有允许有三维限定性这样一种形式的东西时，[17]我们就将其理解为意指无论什么样的任何一种形式：动物性，石头性，诸如此类的任何别的形式。这样，就物体是其属相而言，动物的形式就是这样内蕴于物体的形式之中的。

动物与人的关系也是如此。因为如果所谓动物仅仅意指某种实在性，这种实在性只具有那种藉着内在原则即能够感觉和运动这样一种完满性，此外不再接纳任何别的完满性，则任何附加上去的更进一步的完满性便都是作为一个组成部分而不是作为内蕴于动物概念中的东西相关于动物的，从而动物也就因此而不再是一个属相了。但是，当动物意指那种其形式能够成为感觉和运动的源泉是东西时，它即是一种属相，不管这形式是什么样的，也不管它是一种只能感觉的灵魂，抑或是一种既具有感觉同时又具有理性的灵魂。

所以，属相泛指一切存在于种相里面的东西，而不单单意指质料。同样，种差也意指整体而不单单意指形式；而定义，和种相一样，也是意指整体的，只是它们意指整体的方式有所区别罢了。因为属相作为一个名称所意指的整体，所标示的是一物中的质料之所是，而不在于特定的形式(propriae formae)。因此，属相虽说不是质料，却是来自质料的。就物体来说，这一点很清楚。我们之所以把一件事物称作物体，乃是因为这件事物具有由三个维度所限定的这样一种完满性，而这种完满性在质料方面是容许具有更进一步的完满性的。相反，种差作为一个名称，却是源于确定的形式(forma determinate)的，就其原初理智概念(primo intellectu)而言，是不包含确定的质料(materia determinata)的。例如，当我们说一件事物是有生命的，亦即它是具有灵魂的东西时，我们并不能确定这件事物之所是：究竟它是一个物体呢还是某个别的东西。因此，阿维森纳说，属相是不能被认为是作为它的本质的一部分存在于种差之中，而只能被理解为是处于其本质之外的一种存在者(ens)，就像主体之相关于属性的概念(intellectu passionum)那样。[18]所以，严格说来，属相是并不述说种差的，一如哲学家在《形而上学》第3卷和《论题篇》第4卷所说的那样，[19]除非是出现用主体来述说属性这样一种情况。但是，定义或种相却涵盖两者，亦即既涵盖由属相这个词所标示的确定的质料，又涵盖由种差这个词所标示的确定的形式。

由此可见，属相、种差和种相虽然分别对应于质料、形式及自然中的复合物的理由是很清楚的，但它们同这些东西却并非一回事。因为属相并不是质料，尽管它是由质料来意指整体的；种差也不是形式，尽管它是由形式来意指整体的。因此，我们虽然说人是理性的动物，但却不是像我们说人是由身体和灵魂组合而成的那样，说他是由“动物”和“理性”组合而成的。当我们说人是一个由身体和灵魂组合而成的时候，所说的是由这两样东西构成了第三样东西(res tertia)；而这第三样东西是不同于这两样东西中的任何一样的：人实际上既不是灵魂，也不是身体。但是，人在一定意义上也被说成是由动物和理性组合而成的，这并不是在说人是由这两样东西组合而成的第三样东西，而是在说人是由这两个概念组合而成的第三个概念(intellectus tertius)。“动物”概念虽然并不限定一特别的形式，但是却表达着一件事物的源自质料的东西的本性，相关于终极的完满性。另一方面，“理性”这一种差概念却在于对某一特别形式的限定。而种相的概念或定义则是由这两个概念构成的。因此，正如由其他事物构成的一件事物，不能够用它们来述说它一样，一个概念也不能由构成它的那些概念来述说它：我们显然不能够说定义是属相，或者说定义是种差。

尽管属相可以意指种相的整个本质，但是，同一个属相的各种不同的种相中，却未必只有一个本质；因为属相的统一性正是由它的非限定性或无差别性本身生发出来的。但是，这并不是因为属相所意指的东西是数字般地存在于各种不同的种相中的一种本性，以至于那限定着它的种差不过是附加到它上面的某种别的东西，像形式限定质料那样，在数值上为一。毋宁说，属相指称的实际上即由种差确定地表达出来的形式(尽管并非确切地指称任何一种特定的形式)，这和属相泛泛指称的形式其实是一回事。因此，评注家在《〈形而上学〉注》第11卷中说：原初质料是由于排除了所有的形式而被称作一的，但是，属相却是由于其所意指的诸多形式之间的共同内容（communitatem）而被称作一的。[20]所以，很显然，作为属相之统一性原因的非限定性（indeterminatione）在由于种差添加上去而被排除掉之后，作为结果，种相在本质方面便各不相同。

再者，既然如上所述，[21]种相的本性对于个体来说是非限定的，就像属相的本性对于种相一样，从而，述说种相的属相在其意义中即涵盖了（尽管是含混地）限定性地存在于种相中的一切，则述说个体的种相便必定意指在本质方面（essentialiter）存在于个体中的一切，虽说这是含混地（indistincte）意指出来的。例如，人这个词所意指的是种相的本质，从而，人这个词就是用来述说苏格拉底的。然而，如果种相的本性被表明是排除作为个体化原则的特指质料的，则种相就只是作为一个部分而相关于个体的。人性这个词也就是这样意指事物的，因为人性所意指的是人之所以为人。然而，特指质料并不是那种使人之所以为人的东西，因而无论如何也不属于那些使人成为人的东西。因此，既然人性概念只包括那些人之所以为人的东西，而特指质料是被排除在外的或不被述说的，既然一个部分不可能用来述说它的全体，则人性便既不可能述说人也不可能述说苏格拉底。所以，阿维森纳说：复合物的实质并不就是那构成其实质的复合物本身，虽说这实质本身是复合的。[22]例如，人性虽然是复合的，但是却并不就是人。相反，它必须被接受进其本身即为特指质料的某件事物之中才能够成为人。

如上所述,[23]种相是藉形式的限定而相关于属相的,而个体则是藉质料的限定而相关于种相的。既然如此,则那意指属相本性所从出的东西的名词(nomen),因此便势必排除那使种相成全的确定的形式(praecisione formae),而意指那整体中的质料部分;例如,身体即是人的质料部分。然而,相反,那意指种相的本性所从出的东西的名词,却由于排除了特指质料而意指形式的部分。因此,"人性"是用来意指一定形式的,而且它还被说成是那整体的形式。[24]但是,这确乎不是那种附加到本质部分(即形式与质料)之上的形式,像一栋房子的形式附加到它的不可或缺的各部分之上;而是那作为整体的形式,既包含形式,也包含质料,只是要排除掉那些使质料得以标示出来的东西,就是如此。

因此,很显然,"人(homo)"这个词和"人性(humanitas)"这个词虽然都是意指人的本质的,但是,如上所述,[25]它们意指的方式却并不相同。因为人这个词所意指的是作为整体(ut totum)的人的本质;换言之,是就这本质非但不排除质料的指定,反而内在而含混地蕴涵有它,就像我们说属相包含着种差那样。[26]所以,人这个词是用来述说个体的。但是,人性这个词却是意指作为人的部分(ut partem)的人的本质的,因为在它的意涵中所内蕴的只是那属于人之所以为人的东西,而排除了一切指定性,从而也就不可能用来述说个体的人。由于这层理由,本质这个词有时就被发现是用来述说某件事物的,例如,当我们说苏格拉底是一本质的时候,即是如此;本质这个词有时又被用来否定某件事物,例如,当我们说苏格拉底的本质并非苏格拉底的时候,即是如此。

注释

〔1〕在这种语境下,所谓质料意指的是原初质料,它与实体形式相结合,一起构成感性实体。就其自身而言,它并不现成地就是某种事物,也并不现成地就是可认识的。它是接受形式的纯粹可能性。另一方面,形式是质料的现实性,使质料现实地成为某种东西,并现实地规定它属于某一个属相或某一个种相。参阅托马斯:《〈形而上学〉注》,VII,第2节,§1285;《〈形而上学〉注》,VIII,第1节,§1687。

〔2〕托马斯将这种意见归因于阿维洛伊以及他的一些信徒,而他自己却采用了阿维森纳在这个问题上的立场。参阅《〈形而上学〉注》,VII,第9节,§1467。关于这一点,请参阅莫勒:"圣托马斯哲学中的形式与本质",《中世纪研究》,13(1951年),第165—176页。

〔3〕参阅本著第1章第3节。

〔4〕在关于数学实存的定义中,存在着一种可以理解的但是却感觉不到的质料。关于可理解的质料的概念,请参阅《神学大全》,I,85,1,答3;《波爱修〈论三位一体〉注》,V,3;B. 德克尔编,第184页第17—18行、第186页第10行;《〈形而上学〉注》,VII,第10节,§1496,第11节,§1508;《〈形而上学〉注》,VIII,第5节,§1760。

〔5〕波爱修:《〈范畴篇〉注》,I,"论实体"。有人认为这个陈述在波爱修的著作中并没有出现。尽管如此,波爱修关于共相的温和实在论观点与托马斯的观点有某种一致之处,则是没有问题的。参阅罗兰—戈色林:《圣托马斯·阿奎那的〈论存在者与本质〉》,巴黎,1948年,第8页。

〔6〕波爱修:《论两种本性》,3。

〔7〕阿维森纳:《形而上学》,V,5,90ra以下。

〔8〕阿维洛伊:《〈形而上学〉注》,VII,第27章,83va41以下。

〔9〕一件事物之所以被说成是符合它的本质的,乃是因为它是在本质中

并藉着本质接受它的存在的。本质形式地限定或限制存在或存在活动。参阅欧文斯:《基督宗教形而上学入门》,米尔沃克,1963年,第147—148页。

〔10〕参阅托马斯:《〈箴言四书〉注》第1卷,d. 23,q. 1,a. 1;曼德纳特编,I,第555页。这是亚里士多德的味觉理论。参阅亚里士多德:《论感觉》,4,440b30—442a17;托马斯:《论感觉与感性》,第10讲;《托马斯·阿奎那全集》,纽约,1949年,20,第171页。

〔11〕一件事物当其能够指示出来或用手指出来的时候就是特指的(designatum,signatum)。这的确属于个体的事物,而不属于抽象的本性或本质。后者是能够界定的;前者则是不能够予以界定的,而只能够被指示出来。在这个意义上,"指定的"或"特指的"与指示代词"this"是同义的。这个词的派生的意义是"限定的"或"限制的"。非指定的或泛指的是无限定的、含混的,和无差别的。托马斯将这一术语归功于波爱修和阿维森纳的拉丁翻译。参阅罗兰—戈色林,上引书,第11页,第1节;第58—60页。

〔12〕托马斯始终主张质料及其量的维度是同一种相中许多个体存在的理由。在这篇论文中,他追随阿维森纳的意见,说维度是限定性的。在《论存在者与本质》之后不久写作的别的著作中,他用阿维洛伊的尚未确定的维度概念来解说个体化。参阅《〈箴言四书〉注》,Ⅱ,第3章,问题1,款4;曼德纳特编,Ⅱ,第97页;《论波爱修〈论三位一体〉》,IV,2,答3;德克尔编,第144页。关于这个问题,请参阅罗兰—戈色林:上引书,第106—117页。

按照托马斯的观点,在质料和形式之间存在着一种相互的因果关系。它们两者在感性实体的个体化中都有作用。质料发挥的是消极的作用,使形式在许多个体中增加。但是,质料本身只有通过形式才能存在,而这两者则只有通过把实体安置进实在世界中的存在活动才能存在。参阅吉尔松:《圣托马斯·阿奎那的基督宗教哲学》,纽约,1956年,第470页,第10节。

〔13〕这里区分了两种骨和肉:一方面是"这根骨头和这块肌肉"(hoc os et haec caro),另一方面是"绝对的骨和肉"(os et caro absolute)。前者是"特

指质料”(materia signata),是这个人那个人身上的骨和肉。而后者所意指的则是泛指的或普遍的骨和肉,可以称之为“泛指质料”(materia non signata)。此外,还有一种所谓“原初质料”(materia prima)。这样,在托马斯的形而上学的框架中,可以说存在有三个等级的“质料”:“原初质料”,“泛指质料”和“特指质料”。

〔14〕阿维洛伊:《〈形而上学〉注》,VII,第20章,80ra23以下。

〔15〕关于物体的这两种意义之间的区别,请参阅《神学大全》,I,7,3;《〈形而上学〉注》,Ⅲ,第13节,§1993。也请参阅欧文斯:上引书,第319—320页。

〔16〕Praecisio,这个词在本章或后面几章出现了好几次。精确(Precision)是一种抽象模式,藉此,我们排除掉某种来自概念的东西。抽象即是对某种从它的概念既不包括也不排除在实际上与它联系在一起的特征的东西。不精确的抽象并不排除任何它从中抽象出来的东西,但是却包括整个事物,虽然是含蓄地和非限定性地。参阅F. A. 布兰克:“论抽象”,载《托马斯·阿奎那论文集》,Ⅲ,邵尔夏,凯恩,巴尔吉乌,1923年,第237—251页;欧文斯,上引书,第63—64、132页。

〔17〕强调物体与这物体的区别是托马斯形而上学的一项原则,前者是一个抽象概念,而后者则是一个具体概念。也就是说,具体原则是托马斯形而上学的一项基本原则。这是我们阅读托马斯的著作时必须特别留意的。

〔18〕阿维森纳:《形而上学》,V,6,90va以下。

〔19〕参阅亚里士多德:《形而上学》,Ⅲ,3,998b24;《论题篇》,IV,2,122b20。

〔20〕阿维洛伊:《〈形而上学〉注》,XⅡ,第14章,141va53—b18以下。但原文表明该引文出自该书第11卷。其中,“*communitatem*”也可译作“共同体”。

〔21〕参阅本著第2章第5节。

〔22〕阿维森纳:《形而上学》,V,5,90ra 以下。

〔23〕参阅本著第 2 章第 5 节。

〔24〕参阅本著第 1 章第 4 节关于“形式”的脚注。

〔25〕参阅本著第 2 章第 12 节。

〔26〕参阅本著第 2 章第 5 节。

第三章　本质与属相、种相和种差的关系

我们既然明白了本质这个词在复合实体中所意指的东西，我们接下来就会明白本质是以什么方式相关于属相、种相和种差了。[1]如果属相、种相或种差这些概念(ratio)都适合于述说特指的单个事物的话，则普遍概念(ratio universalis)，亦即属相或种相概念，就不复适合于表述以部分形式呈现出来的本质了，例如，就不复适合于表述由人性或动物性这些词所呈现出来的本质。所以，阿维森纳说：理性(rationalitas)不是种差，而是种差的原则。[2]由于同样的理由，人性不是一个种相，而动物性也不是一个属相。然而，我们也不能够说，种相和属相的概念是适合成为那存在于单个事物之外的本质的，就像柏拉图派所主张的那样。[3]因为这样一来，种相和属相也就不可能用来述说个体事物了。我们确乎不能够说苏格拉底是一个独立于他自己的东西。再说，这种独立的东西也无助于我们认识这种个体事物。因此，唯一可能的便是：当本质被用来意指整体时，属相或种相的概念是适合于本质的，例如，当人或动物这些词内在而含混地蕴涵着存在于个体中的一切(totum)时，情况就是这样。

然而，如果对本性或本质作出这样理解的话，本性或本质便可

以以两种方式加以考察。[4] 一种方式是按照它所固有的概念(rationem propriam)加以考察，此乃考察它的绝对方式。依照这种考察方式，除了那些属于其本身的东西外，就再也没有什么东西能够成为真的了。因此，凡可以归于它的别的东西，所有的属性或偶性(attributio)，就都是假的了。例如，动物性、理性以及其他为人的定义所内蕴的东西都属于人之为人的人；而白或黑以及其他诸如此类的并不存在于人性概念中的无论什么东西便都不属于人之为人的人。因此，如果有人要问：这样理解的本性究竟该说它是一还是多，则我们就不应当承认这两种说法中的任何一个。因为这两种说法都是处于人性概念之外的，本性概念之被称作一和多都是有可能发生的。假使"多"属于本性概念，它就绝不可能是"一"，虽然就其存在于苏格拉底身上而言，它确实为"一"。同样，如果"一"属于本性概念，则它在苏格拉底和柏拉图身上就是同一个，它在许多个体身上就不可能被"多样化"(plurificari)。其次，我们也可以按照第二种方式，就本性或本质在这一或那一个体事物中所具有的存在者对之进行考察。在这种情况下，一些事物就由于其借以存在的主体的缘故，而能够以偶性的形式来述说本性或本质；就像由于苏格拉底是白的，我们就说人是白的一样，尽管白色并不属于他之所以为人的人。

然而，依照这种方式考察的本性具有双重存在：一方面，它存在于单个事物中，另一方面它又存在于灵魂中，而偶性则伴随着这两种本性而存在。再者，在单个事物中，本性也由于个体事物的多样化而具有多重的存在(multiplex esse)。然而，如果我们按照第一种意义或绝对意义来考察本性本身的话，它们中就没有一个属于本性了。说绝对考察的人的本质存在于这单个的人身上是荒谬的:因为倘若这属于人之为人的东西存在于这单个的人身上,则这单个人之外就绝不可能再有人的本性存在。同样,倘若这属于人之为人的东西不存在于这单个的人身上,则人的本性也就绝不可能存在于他身上。然而,如果说存在于这个或那个单个的人中或存在于灵魂中的,并非是人之为人的东西,这倒是正确的。所以,绝对考察的人的本性(natura hominis)虽然是从所有的存在者抽象出来的,但是却显然并不因此而同它们中的任何一个相分离,从而我们是可以用依照这种方式考察的本性来述说所有个体的。

尽管如此,这样理解的本性也并不因此而适合作普遍概念(ratio universalis)。[5] 这是因为统一性(unitas)和共同性(communitas)虽然都存在于普遍概念之中,但它们中的任何一个却都不适合于绝对考察的人的本性。因为如果共同性存在于人的概念之中,则在所发现的无论什么样的人性中,便都可以发现共同性。然而这是荒谬的。因为在苏格拉底身上发现不了什么共同性,而毋宁说凡是在他身上的东西都是被个体化了的。[6] 同样,也不能够说,属相或种相的概念作为由本性在个体中所具有的存在所生发出来的偶性属于人的本性。因为人的本性是不可能作为统一性在个体的人身上发现的,仿佛它是属于所有个体的同一件事物似的,而这却是普遍概念所要求的。因此,唯一可能的便是:人的本性之所以碰巧成为种相概念,乃是由于它在人的理智中具有存在的缘故。

由此看来,人的本性本身在理智中所具有的存在是从所有个体中抽象出来的,从而它就划一地相关于存在于灵魂之外的所有的个体，因为它对他们全体都是完全一样的，并且能够达到关于他们全体个人之为人的知识。既然理智中的这种本性同每个个体相关，理智便在其中发现了种相的概念，并将之归于它自身。因此，评注家在《〈论灵魂〉注》开篇就说："理智是策动事物中的普遍性的东西。"[7]阿维森纳在其《形而上学》中也说过类似的话。[8]虽然这种被理解为存在于理智中的本性同存在于灵魂之外的事物相比较，具有一种普遍性，因为它是它们全体中的一种类似（una similitude），但是，就它在这个那个理智中所具有的存在而言，它却不过是一种特殊的被理解的种相（species intellecta particularis）。由此看来，当评注家在《〈论灵魂〉注》第3卷中想要从这种被理解的形式的普遍性推断出存在于所有人身上的理智的统一性的时候，他的过失是很明显的。[9]因为这种形式的普遍性并不是由这种形式在理智中的存在引起的，而毋宁是由它作为事物之间的类似同诸多事物的相关性引起的。这就好像有一尊物质的人身塑像（una statua corporalis）虽然代表许多人，但是，就其存在于这种特定的质料之中而言，这座人身塑像的形象或种相所具有的却是单个的和特定的存在，只是就它是许多人的共同代表而言，它才拥有了共同性（rationem communitatis）。

既然适合于述说苏格拉底的是绝对考察的人的本性，则这种本性，当绝对考察时，便不具有种相的品格；由于这种东西只在理智中才有其存在，从而只能是伴随着它而存在的一种偶性。这样，"种相"这个词便不能用来述说苏格拉底，仿佛我们在说"苏格拉底是一个种相"似的。然而，要是属于人的种相的本性在苏格拉底身上即具有他的个体存在，或者说符合他的绝对考察，亦即他即是人之为人之人，则“种相”这个词就必定能够用来述说苏格拉底了。因为凡是属于人之为人的东西都是可以用来述说苏格拉底的。

但是，指谓（praedicari）是适合于属相本身的，因为属相是包含在它的定义之中的。而指谓是在理智的合与分的活动中完成的，是以那些其中一个可以述说另一个的事物之间的一致性（unitatem）为其基础的。[10] 因此，指谓概念是能够纳入属相概念的意义之中的，而这种概念本身则是由理智的活动完成的。但是，当理智藉把某件事物与另一件事物合在一起而将指谓概念归因于这件事物的时候，它也就不再是属相概念本身了，而毋宁是理智归因于那构成属相概念的原因的东西了，例如，就像动物这个词所意指的东西那样。

这样，我们就澄清了本质或本性是如何相关于种相概念的。因为种相概念既不属于那些受到绝对考察的本质或本性之列，也不属于那种其在灵魂之外具有存在而附随本质或本性而生发出来的偶性，如白色或黑色等。种相概念毋宁是一种在那些由于其在理智中具有（quod habet in intellectu）存在而附随本质或本性生发出来的偶性（accidentibus）。属相或种差概念也是以这样的方式属于本质或本性的。

注释

〔1〕概念一词原文为“ratio”。该词在本章中是在与本著引言中所使用的“intentio”一词是同义的。它意指的是一件事物为心灵所领悟的可理解的特征，它也就是一件事物的名称所意指的东西或它的定义所意指的东西。这样理解的 ratio（ratio intellecta）即是概念。参阅托马斯：《〈箴言四书〉注》，I，

第2章,问题1,款3;曼德纳特编,I,第66—67页;第33章,问题1,款1,答3,第767页。也请参阅J. 佩格海尔:《圣托马斯·阿奎那所理解的*intellectus*与*ratio*》,巴黎,1936年,第14—15页。

〔2〕阿维森纳:《形而上学》,V,6,90rb以下。

〔3〕参阅亚里士多德:《形而上学》,I,990b1—991a14。也请参阅托马斯:《〈形而上学〉注》,I,第14节;《神学大全》,I,85,1;R. J. 亨利:《圣托马斯与柏拉图主义》,海牙,1956年,第333—345页。

〔4〕关于对本质的两种考察,托马斯追随阿维森纳。参阅阿维森纳:《形而上学》,V,1—2,86va—87v以下;《逻辑学》,I,2b以下;《论灵魂》,Ⅱ,2,6vb以下。但是,与阿维森纳不同,托马斯并没有把存在归因于绝对考察的本质。参阅欧文斯:《基督宗教形而上学入门》,米尔沃克,1963年,第131—132页;"圣托马斯·阿奎那著作中的单一性与本质",《中世纪研究》,23(1961年),第240—259页。

〔5〕关于普遍概念,参阅《神学大全》,I,85,3,答1;《〈形而上学〉注》,VII,第13节,§1570—1576;《〈解释篇〉注》,I,第10讲,雷奥尼内编,I,第47—51页;《后分析篇》,I,第11讲,雷奥尼内编,I,第179—181页。参阅R. 斯密特:《圣托马斯·阿奎那的逻辑域》,海牙,1966年,第177—201页。

〔6〕参阅《反异教大全》,I,26,§5。

〔7〕阿维洛伊:《〈论灵魂〉注》,I,第8章,109vb23以下。

〔8〕阿维森纳:《形而上学》,V,1,87rb以下;87v。参阅托马斯:《〈箴言四书〉注》,Ⅱ,第17章,问题2,款1;曼德纳特编,Ⅱ,第429页。

〔9〕阿维洛伊,上引书,Ⅲ,t. c. 5,164ra21以下。参阅托马斯:《〈箴言四书〉注》,Ⅱ,第17章,问题2,款1;曼德纳特编,Ⅱ,第420—430页;《神学大全》,I,76,1—2;《论独一理智——反对巴黎阿维洛伊派》;《争辩问题集·论灵魂》,2,3;《论精神受造物》,9。"过失"一词的原文为defectus,亦可译为"背弃"、"叛变"。

〔10〕所谓分合活动，托马斯意指的是肯定或否定判断。参阅《波爱修〈论三位一体〉注》，V，3；德克尔编，第182页；《〈解释篇〉注》，I，第3讲；雷奥尼内编，§4—5，第16页；判断是由理智所作的综合。如果它是一个真的判断，它就对应于事物的存在。因此，判断的真理是以事物的存在为基础的。参阅费兰："真理来自事物的存在"，《中世纪研究》，1(1939年)，第11—22页(重印载《论文选集》，第133—154页)；欧文斯：上引书，第248—258页。关于谓项概念，参阅斯密特：上引书，第202—241页。

第四章　作为在独立实体中所发现的本质

现在尚需进一步考察的是：本质是以什么方式存在于独立实体（substantiis separatis）之中，亦即存在于灵魂、灵智（intelligentia）[1]以及第一因之中的。[2]虽然每个人都承认第一因的单纯性，但还是有人试图把形式和质料的结构引进灵智和灵魂之中。[3]这样一种观点似乎是由《生命之源》（*Fons Vitae*）一书的作者阿维斯布朗首先提出来的。[4]但是，这种观点同哲学家们通常所说的相抵触，因为他们把灵智和灵魂称作脱离质料的实体，证明它们是完全没有质料的。[5]对这种观点所作出的最出色的推证是从这些实体中所发现的理解能力（virtute intelligendi）出发的。[6]因为我们看到，形式实际上只有当其脱离了质料及其条件才能成为现实地可理解的。另一方面，这些形式也只有藉理智实体的能力将它们接受进理智实体自身之中并且作用于它们，才能成为现实地可理解的。[7]因此，在任何理智实体中，都应当是完全没有质料的：这种实体既没有作为其组成部分的质料，甚至也不是那种印在质料上的形式（forma impressa in matera），而那些物质事物的形式（formis materialibus）即属于后一种情况。

也没有人能够说：任何其他种类的质料都是不会妨碍可理解

性的，只有形体质料(materia corporalis)才会如此。因为，如果只有形体质料才能够如此的话，那么，既然质料并不能被称作是形体的，除非是就它存在于形体的形式下才能如此，则质料之妨碍可理解性就会是由形体的形式(forma corporali)引起的。然而，这是不可能的。因为形体形式，实际上就它是从质料中抽象出来的而言，正像任何别的形式一样，是可以理解的。因此，无论在灵魂中还是在灵智中，都绝不可能存在有质料与形式的复合物，它们也因此而不可能像有形实体那样接纳这样一种本质。但是，在它们之中，确实存在有形式与存在的复合。[8] 所以，《论原因》一书命题九的评论说理智具有形式和存在，[9] 而在这里，形式一词是在实质本身(ipsa quiditate)或单纯本性(natura simplici)这一意义上使用的。

事情何以如此，这一点是容易看清楚的。因为，无论什么时候，只要两件事物相互关联，其中一件事物是另一件事物的原因，则构成原因的那件事物便能够在没有另一件事物的情况下具有存在，反之则不然。然而，我们发现，形式与质料是以下述的方式相互关联的：形式能够将存在赋予质料。从而，如果离开了形式，质料便不可能存在下去。但是，如果离开了质料，形式之存在下去却并非是不可能的。因为，形式，就其作为形式而言，是不依赖于质料的。有时，我们会发现形式除非在质料之中便不可能具有存在，这种情况之所以发生乃是因为这样一种形式距离第一原则(primo principio)较远的缘故，而第一原则是原初的和纯粹的活动(actus primus et purus)。由此可见，那些最接近第一原则的形式实际上是无需质料而自行存在的。灵智就属于这种类型的形式。其实，并不是像前面所说的，所有种类的形式都需要质料。因此，不能够说，好像这些实体的本质或实质是某种别的东西，而不是形式本身。

所以，复合实体的本质与单纯实体的本质之间的区别在于：复合实体的本质不单是形式，而是包含形式与质料两个方面，单纯实体的本质则单单是形式。由此便演绎出了两样别的区别。一是复合实体的本质既能够用来意指一个整体，也能够用来意指一个部分，如上所说，这是视质料的指定而定的。[10]复合实体的本质并不是在任何情况下(quolibet)都能够用来述说复合事物本身的。因为我们不能够说一个人即是他自己的实质。但是，单纯事物的本质，作为它的形式，除非作为整体，是不可能意指什么的。因为在这种情况下，其本质中除了仿佛是所接纳的形式外是根本不存在别的任何东西的。所以，对单纯实体的本质，无论怎样设想它，这本质总是可以用来述说这实体的。因此，阿维森纳说："一件单纯事物的实质即是这单纯事物本身。"[11]这是因为再没有任何别的事物能够接纳这形式。

另一样区别在于：复合事物的本质，由于它们是被接纳进特指质料之中的，便依照质料的区分而增多，所以，就出现了这样一种情况：某些事物虽然在种相方面同一，但在数量方面(numero)却是有差别的。但是，既然单纯事物的本质并不被接受进质料中，则它就不可能有这样一种增加。所以，在这样的实体之中，我们也就找不到属于同一个种相的许多个体，而是在它们之中有多少个体就有多少种相，一如阿维森纳所明白指出的那样。[12]尽管这样一类实体只有形式而没有质料，但它们却并不是在任何方面都是单纯的；而且，它们也并非是纯粹的现实，而毋宁说它们混杂有潜在性(potentiae)。这是很明显的。凡不存在于本质或实质概念之中的都是来自本质之外的，都是同本质一起形成复合事物的。这是因为没有什么本质是能够在没有作为其各个部分的诸多事物的情况下得到理解的。但是，每一种本质或实质却都是能够在对有关它的存在的任何事物缺乏理解的情况下得到理解的。例如，我们能够理解一个人之所是或一只不死鸟(phoenix)之所是，然而却不知道其究竟是否实际存在。[13] 所以，很显然，存在是某种并非本质或实质的东西，除非或许有某种东西，其实质即是它自身的存在。而这种东西如果不是单一的和原初的便不可能存在。[14] 因为有些事物只有藉添加某种差异(differentiae)才有可能成为多数；例如，一个属相的本性只有藉种相才能多样化。其次，有些事物只有藉将一种形式接纳进质料的不同部分才有可能成为多数；例如，一个种相的本性只有藉不同的个体才能多样化。最后，有些事物只有藉区分独立的东西与被接受进某些事物之中的东西才有可能被多样化；例如，倘若有一种独立的脱离质料的热，则由于它之独立或脱离质料，它就与不独立或不脱离质料的热有所区别。[15] 但是，倘若我们设想一件事物(res)，它只是存在，以至于它就是自行存在的存在本身，则它就将不接纳种差的附加(additionem differentiae)。因为如果有一种种差附加上去的话，那就不仅有存在，而且在存在之外还将会有某种形式。更何况这样的事物还可能进一步接纳质料的附加，倘若如此，则它就将不再是自行存在的存在而成了质料的存在了。因此，唯一的可能是：一件是其自身存在的事物如果不是独一(una)的，就根本不可能存在。这样，在每一件别的事物中，这件事物的存在是一回事，而它的本质或实质、本性、形式则是另外一回事。所以，灵智除了它们形式外还必定另有其存在；[16]从而一如我们业已说过的，灵智（intelligentia）是形式兼存在（forma et esse）。[17]

但是，凡属于一件事物的东西，如果不是由其本性的原则所引起，像人身上笑的能力引起人的笑那样，就是来自某种外在的原则，像空气中的光来自太阳的影响那样。然而，一件事物的存在本身却不可能由该事物的形式或实质所引起（我的意思是说不可能由动力因所引起），因为这样一来，该事物就产生了它自己的存在，并且将因此而自行存在，而这显然是不可能的。[18]由此便可以得出结论说，一切其存在有别于它自己本性的东西都是从他物获得其存在的。而且，既然凡通过他物而存在的东西都可以还原到那些通过自身而存在的东西，作为它的第一因，那就必定存在有某件事物，其本身为一纯粹的存在（esse tantum），构成所有事物存在的原因。[19]否则，我们在探究事物的原因时就将陷入无穷追溯。因为凡不是纯粹存在的事物，如上所述，其存在都是有一个原因的。所以，很显然，灵智是形式兼存在，并且是从第一存在获得其存在的，而所谓第一存在（primo ente）即是纯粹存在。这也就是第一因（causa prima），亦即上帝（deus）。

凡是从他物接受某种东西的，都潜在地相关于它所接受的东西，而该事物所接受的东西即是它的现实性。所以，作为灵智的实质或形式，必定潜在地相关于它从上帝接收过来的存在，而接受过来的这种存在是作为它的现实性接收过来的。因此，在灵智中所能发现的是潜在（*potentia*）和现实（actus）两者而非质料和形式，除非在多义的意义上才不是这样。[20]因为遭受、接受、成为主体以及由于其质料而似乎适合于事物的诸如此类的一切都适合于用来多义地(aequivoce)述说理智实体和形体实体的,一如评注家在《〈论灵魂〉注》第3卷中所说的那样。[21]再者,既然如上所述,灵智的实质即是灵智本身,[22]则它的实质或本质本身即是存在的事物本身,而它的存在,既然是从上帝那里接收过来的,则是事物的本性(rerun natura)得以成为独立存在(subsistit)的东西。[23]由于这一点,有人便说这样一类实体是由"其所是"(quo est)与"是这个"(quod est)构成的,[24]或者说是由其所是与存在构成的。例如,波爱修就曾经这样说过。[25]

还有,既然能够设想在灵智中有潜在(potentia)和现实(actus)的话,那就不难发现存在有许多灵智了;然而,要是其中没有潜在,这就是一件不可能的事情了。因此,评注家在《〈论灵魂〉注》第3卷中说:如果可能理智(intellectus possibilis)的本性是不可知的,我们就不可能发现有许多独立实体。[26]再者,这些实体依照它们的潜在性和现实性的等级而相互区别:灵智越是高级,就越是接近第一存在,具有的现实性也就越多,具有的潜在性也就越少,如此等等。

这一等级系列以人的灵魂为终点,人的灵魂处于理智实体(substantiis intellectualibus)的最低等级。结果,它的可能理智所具有的同可理解的形式的关系,正如在感性存在(esse sensibili)中处于最低位置的原初物质[27]所具有的其同感性形式(formas sensibiles)的关系,就像评注家在《〈论灵魂〉注》第3卷中所说的那样。[28]哲学家也是因此而把可能理智比作上面什么也没有写的白板(tabulae)的。[29]人的灵魂由于比别的理智实体具有更多的潜在性，就特别接近质料，致使物质事物能够分有它的存在，也就是说，由灵魂和身体产生出一作为复合物的存在，尽管这一存在，就其为灵魂而言，是不依赖于身体的。[30]所以，在灵魂这种形式以下，所发现的别的形式就具有更多的潜在性，更其接近质料，以至于如果没有质料它们就不可能存在。在这些形式之间，我们也能够发现存在有一种秩序和等级，以诸元素的原初形式为等级系列的终点，因为它们是最接近质料的。[31]由于这个缘故，它们便只有当其为能动和被动的性质以及其他一些致使质料接受形式的因素所要求时，才能够有所运作(operationem)。

注释

〔1〕所谓灵智，托马斯意指的是天使。参阅他的论文“论独立实体或论天使的本性”，对于他来说，人的灵魂往往不包括在独立实体之中。关于天使的本性，参阅詹姆斯·柯林斯：《托马斯的天使哲学》，华盛顿，1947 年；吉尔松：《圣托马斯·阿奎那的基督宗教哲学》，纽约，1956 年，第 160—173 页。

〔2〕在此语境中，与“灵魂”、“灵智”和“第一因”相对应的分别是“人”、“天使”和“上帝”。

〔3〕这是法兰西斯会(方济各会)的一个共同的学说，鲁普拉的约翰是个例外。参阅黑尔斯的亚历山大：《神学大全》，I—Ⅱ，Inq. Ⅱ，tr. Ⅱ，q. unica，n. 106(卡拉奇，Ⅱ，第 135 页)；圣波那文都：《〈箴言四书〉注》，Ⅱ，d. 3，p. 1，a. 1，q. 1(卡拉奇，Ⅱ，第 91 页)；罗吉尔·培根：《论第一共同本性》，第 4 部，第 3 卷，第 4 章(《著作集》，牛津，1911 年，第三册，第 291 页)。该观点为一些多米尼克学者所提倡，如克利马纳的罗兰，罗伯特·菲夏克勒，罗伯特·基尔瓦尔比，以及阿毕维耶的格拉德。参阅奥·罗廷：“精神实体的质形组合，争

论的开端”,《新经院哲学评论》,34(1932 年),第 21—41 页;E. 克莱尼丹:《13 世纪托马斯·阿奎那所处理的精神实体质形组合难题》,布勒斯劳,1930 年;罗兰—戈色林:上引书,第 30 页,第 2 节。参阅托马斯:《神学大全》,I,50,2;《反异教大全》,Ⅱ,50—51;《论独立实体》,5,18;《论精神的受造物》,I。

〔4〕阿维斯布朗:《生命之源》,Ⅲ,第 18 节;C. 巴库克编:《论中世纪的哲学精神》,I,明斯特,1892 年,第 118 页。所罗门·伊本·伽比罗(Solomon Ibn Gabirol,约 1021—1058),阿维斯布朗是其拉丁名。西班牙人,中世纪犹太哲学的代表人物之一。《生命之源》是其代表作。在该书中,他着重强调了造物主与被造物之间的根本区别:造物主是完全单纯的“一”,所有被造物都是由“普遍形式”与“普遍质料”构成的。质料与形式的统一在亚里士多德那里意味着有形实体,但阿维斯布朗却认为,即使无形的精神实体也有质料。其中,精神的质料被称作“精神质料”,物质实体的质料被称作“形体质料”。它们之间的差别是由实体的形式的等级的差别造成的。阿维斯布朗的这样一种观点同奥古斯丁的“普遍质型论”是一脉相承的。参阅吉尔松:《中世纪基督宗教哲学史》,纽约,1955 年,第 226—229 页;M. 维特曼:《托马斯·阿奎那对阿维斯布朗的立场》,《M. 维特曼论文集》,Ⅲ(明斯特,1900 年)。

〔5〕参阅亚里士多德:《论灵魂》,Ⅲ,4,429a10—25;圣阿尔伯特:《〈箴言四书〉注》,Ⅱ,第 1 章,款 4;鲍纳特编,27,页 14b。圣阿尔伯特,亦即我们常说的大阿尔伯特(Albertus Magnus,1200—1280),科隆经院哲学的主要代表人物,曾著有《〈箴言四书〉注》、《被造物大全》和《神学大全》等,反对“普遍质型论”,根本否认“精神质料”概念,否认天使(精神实体)具有质料。托马斯在 1248—1252 年期间,曾一度师从大阿尔伯特。也请参阅赵敦华:《基督教哲学 1500 年》,人民出版社,1994 年,第 352 页。

〔6〕参阅阿维斯布朗:《论灵魂》,V,2,22vb 以下;23rb;圣阿尔伯特:《〈箴言四书〉注》,Ⅱ,第 19 章,款 1,答 3,页 329a。

〔7〕也就是说,理智存在赋予这种形式在自身内存在的意向性模式。参阅 A. 哈岩:《圣托马斯哲学中的意向性》,巴黎,1942 年,第 47—53 页;欧文斯:《基督宗教形而上学入门》,米尔沃克,1963 年,第 31—32 页。

〔8〕参阅《神学大全》,I,50,2,答 3;《反异教大全》,Ⅱ,53—54;《论精神的受造物》,1。在《真理论》,I,27,答 8 中,这被称作“实在的组合”,而在《〈箴言四书〉注》,I,第 13 章,问题 1,款 3,曼德纳特编,I,第 307 页中,则被称作“实在的多样性”。关于本质与存在在天使和受造物中的实在的组合,参阅吉尔松:《托马斯主义》,第 6 版,巴黎,1965 年,第 171—183 页。(该版据过去的各版和翻译做了改进:《圣托马斯的基督宗教哲学》,第 35—40 页)。欧文斯,上引书,第 101—106 页;“圣托马斯·阿奎那的实质与实在的区分”,《中世纪研究》,27(1965 年),第 1—22 页;法布罗:《圣托马斯·阿奎那关于分有的形而上学概念》,第 3 版,图林,1963 年,第 212—244 页。关于本质与存在的区分的历史,参阅罗兰—戈色林:上引书,第 137—205 页。

〔9〕《论原因》(*Liber de Causis*),一篇新柏拉图派的论文的一个拉丁译本,其内容来自普罗克鲁斯的《神学要旨》。普罗克鲁斯(Proclus,约 410—485)是晚期新柏拉图主义者中思辨性较强的学者。《神学要旨》作为新柏拉图主义的教科书,内容涉及“太一”、“创世”、“太一的特征”、“存在”、“理智”和“灵魂”等。他的思想后来通过伪狄奥尼修斯对中世纪思想产生过比较广泛的影响。参阅 O. 巴登休尔:《被认为是〈论原因〉的伪亚里士多德著作〈论纯善〉》,弗赖堡,布雷斯高,1882 年,8,第 173 页。托马斯第一个辨认出这篇论文的真实来源。参阅他的《对〈论原因〉的解说》,H. D. 莎福利编,第 3 页。托马斯使《论原因》中的话与他自己的学说相一致:在这部著作中所发现的形式与存在的组合并不是在托马斯意义上的本质与存在之间的组合,而是在理解为事物的第一基质的存在与它们的本质限定性或形式(如生命和理智)之间的组合。参阅罗兰—戈色林,上引书,第 146—149 页;托马斯:《〈论原因〉注》,9;莎福利编,第 64 页。

〔10〕参阅本著第2章第14节。

〔11〕阿维森纳:《形而上学》,V,5,90ra以下。参阅托马斯:《神学大全》,I,50,4;《反异教大全》,Ⅱ,93。

〔12〕阿维森纳:上引书,87ra以下。

〔13〕关于本质与存在之间的区分的证明在托马斯的其他著作中也发现有:《〈箴言四书〉注》,I,第8章,《对第一部分文本的解说》,曼德纳特编,I,第209页;第8章,问题4,款3,第222页;《〈箴言四书〉注》,Ⅱ,第1章,问题1,款1,第12页;第3章,问题1,款2,第87页;《真理论》,X,12。参阅L.斯维尼:"托马斯·阿奎那早期著作中的存在与本质",《美国天主教哲学学会论文汇编》(1963年),第97—131页;《本真的存在主义形而上学》,英格里武德·克利夫,新泽西,1965年,第70—71页。欧文斯:上引书,第103—104页注10。法布罗:上引书,第218—219页。

〔14〕参阅《论独立实体》,8,§42;莱斯科尔编,第79页。

〔15〕这种脱离质料的热并不是不依赖于所有热的事物,并且藉分有所有热的事物,而成为自行存在的形式(热度自身)的。当然,托马斯将它用作一种假设的例证而不是接受柏拉图派的脱离质料的形式的学说。关于他对柏拉图主义的解释,参阅R.亨利:《圣托马斯与柏拉图主义》,海牙,1956年,第351—361页。

〔16〕此句原文是"in intelligentiis sit esse praeter forman",《论存在者与本质》英译本一般译作"in the intelligence, there is existence beyond the form",容易产生歧见,似欠妥。

〔17〕参阅本著第4章第2节。

〔18〕参阅《反异教大全》,I,22,§6。形式并不构成存在的动力因,而只构成存在的形式因。参阅欧文斯:上引书,第76、147—148页。在这个意义上,托马斯才能够说:"复合物的存在是由组成因素产生出来的"(《〈形而上学〉注》,IX,第11节,§1903);"存在可以说是藉本质的原则(即质料和形式)

构成的"(《〈形而上学〉注》,IV,第2节,§558);一件事物的存在"在复合实体中是由一件事物的诸项原则的联合产生出来的"(《波爱修〈论三位一体〉注》,V,3;德克尔编,第182页)。其实,一个复合实体的存在即是它的构成因素的统一。"……由形式和质料所构成的一件事物的存在……在于形式与质料的组合,或者说在于偶性与它的主体的组合"(《〈箴言四书〉注》,I,第38章,问题1,款3;曼德纳特编,I,第903页)。参阅欧文斯:上引书,第49—50、73—74页。

〔19〕上帝是纯粹存在(esse tantum),存在本身(ipsum esse)和独立存在(esse subsistens)。他不是一个存在者(ens),也就是说,不是一件以有限的方式分有存在的事物。参阅《〈论原因〉注》,6;H. D. 莎福利编,第47页;《神学大全》,I,44,1;I,13,11;《论独立实体》,8;F. 莱斯考编,§42,第79页。参阅吉尔松:《圣托马斯·阿奎那的基督宗教哲学》,纽约,1955年,第84—95页;《基督宗教哲学入门》,纽约,1960年,第124—133页。

〔20〕参阅《论独立实体》,同上,§44,第81—82页;《神学大全》,I,50,2,答3;《论精神受造物》,I。参阅吉尔松:《圣托马斯·阿奎那的基督宗教哲学》,第162—168页。

〔21〕阿维洛伊:《〈论灵魂〉注》,第3卷,第14章,168vb9以下。

〔22〕参阅本著第4章第4节。

〔23〕subsistit意指藉自身存在,也就是说,是通过它自身而存在的,而不是像存在于一个主体之中那样存在于一个实体之中的。简言之,它是实体的一个存在样式。参阅《〈箴言四书〉注》,1,第23章,问题1,款1;曼德纳特编,第555页。

〔24〕参阅奥歇里的威廉:《〈箴言四书〉注》,I,第5章,问题4(巴黎,1500年),11a以下;黑尔斯的亚历山大:《神学大全》,I—Ⅱ,Inq. Ⅱ,Tr. Ⅱ,q. unica,n. 106(卡拉奇,Ⅱ,第135页);波那文都:《〈箴言四书〉注》,Ⅱ,第3章,p. 1,a. 1,q. 1(卡拉奇,Ⅱ,第91页);阿尔伯特:《箴言四书注》,Ⅱ,章

1A,4 款;博格讷特编,27,第 14 页,也请参阅沃特·H. 普林西普:《奥歇里的威廉的实体联合神学》,多伦多,1963 年,第 22—25、39—40、42 页;《黑尔斯的亚历山大的实体联合神学》,多伦多,1967 年,第 30—40、46—49 页。对于这些经院哲学家来说,quod est(是这个,that which is)是个具体主体(如人);quo est(其所是,what it is)是它借以是其所是的本质或本性(如人性)。参阅罗兰—戈色林,上引书,问题 5,款 2;曼德纳特编,I,第 167 页。

〔25〕《七公理论》(*De Heddomadibus*),见 J. P. 米涅:《拉丁教父全集》,64,1311C。波伊提尔的阿尔伯特,在评论波爱修的这部著作时,用 quo est 这个短语来表达波爱修的存在(esse)。在他们两个看来,esse 是形式或本性,是一个具体实体,如人,借以成为其所是的东西;例如,人性即是一个存在。参阅《波伊提尔的阿尔伯特的波爱修著作评注》,尼古拉·哈林编,多伦多,1966 年,第 194—202 页。关于波爱修的存在学说,参阅 H. 布罗西:《论波爱修的存在观念》,尹斯布鲁克,1931 年;罗兰—戈色林,上引书,8,问题 5,款 2;曼德纳特编,I,第 229 页。

〔26〕阿维洛伊:《〈论灵魂〉注》,Ⅲ,章 5,166ra16 以下。

〔27〕原初物质,原文为"materia prima"。该短语也可译作"原初质料"。但是,考虑到托马斯在这里是把它列入"感性存在"的范畴的,译作"原初物质"似乎更贴切些。也有人将它译成"元质"。

〔28〕阿威洛伊:上引书,160vb42 以下。

〔29〕亚里士多德:《论灵魂》,Ⅲ,4,430a1。

〔30〕人由于其只具有一个存在而是一个统一体。这一存在,作为一种精神存在,虽然可以完全正当地归属于灵魂,但灵魂却能够将其传达给身体。参阅托马斯:《争辩问题集·论灵魂》,I,答 1;《反异教大全》,Ⅱ,68,§3—5。也请参阅吉尔松:《圣托马斯·阿奎那的基督宗教哲学》,第 196—197 页、第 470 页、注 31。完全有理由说,人的"整个实在"都沉浸在"践行精神存在的精神原则之内。"佩吉斯:《托马斯主义的人的概念的起源》,纽约,1963 年,第

37页。

〔31〕按照大阿尔伯特在《受造物大全》中的观点，整个创世过程可区分为四个阶段，对应于这四个阶段，上帝先后创造了“质料”、“时间”、“太空”和“天使”。因此，质料是最原始的存在，是一切生成变化的载体。而原初质料最初获得的形式是“元素形式”，从而元素便是最初的有形实体。关于大阿尔伯特的这一观点，请参阅赵敦华：《基督教哲学1500年》，第349—354页。

第五章　在不同实体中所发现的本质

由上所述，我们可以看到本质是如何在不同的事物中发现的。实际上，实体可以以三种方式具有本质。有一种实在，亦即上帝，其本质即是他自身的存在。[1]所以，我们发现一些哲学家声言上帝并不具有实质或本质，这是因为他的本质不是别的，无非是他的存在。[2]由此便可以得出结论说：他并不存在于一个属相中。这是因为凡存在于一个属相中的东西都是在其存在之外另具有实质的。其理由在于：一个属相或种相的实质或本性在该属相或种相的个体中，就其本性的概念而言，是没有什么不同的，但是存在在这些不同的个体中却是各不相同的。[3]

倘若我们说上帝是纯粹的存在，我们就不必犯一些人所犯的错误，断言上帝是每一件事物借以形式地存在的普遍存在（esse universale）。[4]作为上帝存在的存在是这样一种存在，任何东西都是不可能附加上去的。所以，由于它的纯粹性，它就是一种区别所有别的存在的存在。因此，评注家在《论原因》命题9的评注中说：作为纯粹存在的第一因是藉他的纯粹的善而个体化的。[5]但是，所谓公共存在（esse commune），正如其概念中不包含任何附加一样，在其概念中同样也不排拒任何附加。因为要是这样的存在在其概念中排拒任何附加的话，我们就不可能设想有什么其中在存在之外还另有附加东西的事物存在。[6]

再者，上帝虽是纯粹的存在，但他却未必因此而缺乏别的完满性或卓越性(nobilitates)。相反，他具有存在于所有属相中的所有的完满性。因此，他被称作单纯的完满性，就像哲学家在《形而上学》第5卷以及评注家在《〈形而上学〉注》第5卷中所说的那样。[7]而且，上帝是以比别的事物更其卓越的方式具有这些完满性的。因为在他身上，它们是一，而在其他事物中，它们却是多。这又是因为所有这些完满性都是由于他自己的单纯存在而属于他的。[8]同样，如果有人能够仅仅藉一种性质产生出所有性质的运作，则在这一个性质中他就会具有每一种性质。[9]而上帝也正是在他的存在本身中具有所有这些完满性的。

按照第二种方式，本质是在受造的理智实体(substantiis creatis intellectualibus)中发现的。在这些实体中，它们的存在并不就是它们的本质，尽管它们的本质是没有质料的。因此，它们的存在不是绝对的而是接受过来的，从而是受到接受本性的能力的局限和限制的。但是，它们的本性或实质却是绝对的(absoluta)，而不是被接受进任何质料之中的。所以，《论原因》一书的作者说理智实体从较低的层面看是无限的，而从较高的层面看则是有限的。[10]就它们的存在而言，它们是有限的，因为它们是受自更高级的实在，虽然从较低的层面看，它们并不是有限的，因为它们的形式是不受那种接受它们的质料的能力的限制的。因此，如上所述，在这些实体之间，我们就在同一种相中发现不了许多个体，除非是在人的灵魂的情况下由于与之相关联的身体的原因而具有许多个体。[11]灵魂的个体化在其开始时很可能是以偶然的方式依赖于身体的。因为灵魂并不是为其自身而需要个体的存在,除非它存在于它为其现实性的身体之中。但是,如果我们取消了这身体,个体化也并不会因此而消失。因为灵魂所具有的存在是绝对的,灵魂一旦变成了属于一个特殊身体的形式,它就获得了它的个体化了的存在,那存在就将永远保持个体化。所以,阿维森纳说:灵魂的个体性与复多性(multiplicatio)之依赖于身体是就其开始而不是就其终点而言的。[12]

再者,既然在这些实体中,实质与存在并不就是一回事,则它们就能够被归到一个范畴里。而且,由于这个缘故,我们在这些东西中便能够发现属相、种相和种差,虽然它们所固有的种差对我们是隐藏着的。[13]在感性事物中,我们甚至连本质的种差也不知道。[14]它们是藉由本质的种差产生出来的偶性的种差显示出来的,正像原因是藉它所产生的结果显示出来的一样。例如,我们把两足动物(bipes)视为人的种差。然而,对非物质实体所固有的偶性,我们却是不知道的,从而我们便既不能够藉它们自身也不能够藉它们的偶性的差别来表示它们的种差。

我们应当看到,属相和种差之存在于非物质实体的方式与存在于感性实体的方式并不相同。[15]在感性实体(substantiis sensibilibus)中,属相是由事物的质料方面获得的,而种差则是由它的形式方面获得的。所以,阿维森纳在《论灵魂》一书中开门见山地说,在由质料与形式合成的复合事物中,形式是它的单纯的种差(differentia simplex),因为这一种差即是由作为复合事物本质中的形式构成的。但是,这并不是说形式本身即是种差,而是说形式是种差的原则(principium differentiae),[16]一如他在其《形而上学》中所说的那样。[17]这样一类种差之所以被称作单纯的种差，乃是因为它起源于该事物的实质的部分，亦即它的形式。但是，既然非物质实体（substantiae immateriales）是单纯实质（simplices quiditates），则这种种差就不可能来自该实质的一部分，而只能来自整个实质。所以，阿维森纳在《论灵魂》一书中开门见山地说：除那些其本质由质料和形式合成的种相外，实体是不可能具有任何单纯种差的。[18]

同样，非物质实体的属相也是由整个本质获得的，虽然方式有所不同。独立实体虽然在其为非物质的方面是相互一致的，但它们完满性的程度却不相同，这是视它们同潜在性的疏远程度以及它们同纯粹现实的接近程度而定的。因此，在这样的实体中，属相是源自由它们的非物质性（immateriales）而产生的东西，如理智性（intellctualitas）以及诸如此类的东西即是如此。然而，它们的种差却来源于由它们的完满性等级（gradum perfectionis）所产生的东西，尽管我们并不认知它们。这些种差也不应当是偶性的（esse accidentaeis）。因为它们是由完满性的不同等级决定的，而完满性的不同等级却并不能使种相多样化。诚然，接受同一形式（eadem formam）的完满性的等级并不能产生不同的种相，例如，更白或欠白所分有的都是同一类型的白。但是，诸形式本身之间或分有的诸本性之间（in ipsis formis vel naturis participates）的完满性的不同等级却是能够使种相多样化的。一如哲学家在《动物志》第9卷中所说的那样，自然是通过那些处于植物和动物之间的作为中介的事物按照等级秩序前进的。[19]当然，理智实体也并不总是必定藉两种实在的种差区分开来的。因为一如哲学家在《动物志》第9卷中所说，不可能在所有情况下都是这样。[20]

还有第三种方式，这就是：本质是在由质料和形式合成的实体中发现的。在这些实体中，存在既是接受过来的又是受限制的。这是因为这些实体是由他物获得存在的，而这些实体的本性或实质是被接收进特指质料之中的。所以，它们所受的限制既来自上面，也来自下面。而且，在这些实体之间，由于特指质料的区分，同一个种相之具有许多个体也是可能的。至于这些实体的本质是如何相关于逻辑概念的，我们在前面已有讨论，这里就不予赘述了。[21]

注释

〔1〕参阅本著第4章第5、6节。

〔2〕参阅阿维森纳：《形而上学》，VIII，99rb以下；99vb以下；IX，1，101va以下。也请参阅奥维涅的威廉：《论三位一体》，4；《奥维涅的威廉全集》，Ⅱ，增补（奥尔良，巴黎，1674年），6a以下。托马斯并没有说上帝没有本质，而只是说他的存在即是他的本质。参阅《〈箴言四书〉注》，I，第8章，问题1，款1；曼德纳特编，I，第195页；上引书，问题4，款2，第222页；《反异教大全》，I，21—22。关于这一学说的意义，参阅J. 马利坦："论关于唯一上帝本身的学说"，《中世纪研究》，4（1943年），第43—44页；吉尔松：《存在与一些哲学家》，第2版，多伦多，1952年，第80—81页。

〔3〕参阅《〈箴言四书〉注》，I，第8章，问题4，款4；曼德纳特编，I，第222页；上引书，第19章，问题4，款2，第483页；《反异教大全》，I，25，§4—5；《真理论》，27，1，答8；《神学概要》，14。关于别的文本，参阅L. 斯威尼："托马斯·阿奎那早期著作中的存在与本质"，《美国天主教哲学学会论文汇编》37，1963年，第109—112页。也请参阅欧文斯："圣托马斯·阿奎那的存

在的多样性与相似性”,《中世纪研究》,22(1960 年),第 257—302 页。

〔4〕巴黎大学的逻辑学和神学教授白纳的阿茂里(约死于 1206 或 1207 年)被指控持有这种观点。托马斯在《神学大全》,I,3,8 中和《反异教大全》,I,26 中曾提及此事。1210 年,这种观点曾被官方谴责为异端。参阅 G. G. 开普勒:《1210 年教谕之三:伯纳的阿茂里》,巴黎,1932 年,第 42—50 页。关于伯纳的阿茂里,参阅吉尔松:《中世纪基督宗教哲学史》,纽约,1955 年,第 240—241、654 页,注 8。

尽管奥维涅的威廉通过明确区分上帝和受造物避免泛神论,但是,他还是教导说:所有的事物都是藉上帝的存在而存在的。参阅《论三位一体》,6,7b 以下。按照他的观点,上帝之存在于世界上就如灵魂存在于身体中一样(上引书,7,8b—9a 以下)。在托马斯看来,这意味着上帝的存在是所有事物的形式的原则。参阅《神学大全》,I—Ⅱ,17,8,答 2;110,1,答 2。

〔5〕《论原因》,O. 巴尔登休尔编,8,第 173 页。参阅托马斯:《〈论原因〉注》,命题 9;H. D. 莎福利编,第 64—66 页。

〔6〕托马斯在上帝的存在与公共存在(esse commune)之间作出了区分,前者就本性而言为纯粹的存在(esse tantum),而后者则是一个从所有存在的种差中抽象出来的概念。既然上帝的存在是无限制的和尽善尽美的,就不能给它附加上任何东西。公共存在的概念则允许附加上一般的和特殊的概念。需要注意的是,这里所谓“公共存在”,其实所意指的即是前面提到的“普遍概念”。参阅《〈箴言四书〉注》,I,第 8 章,问题 4,款 1,答 1;曼德纳特编,I,3,4,答 1。也请参阅欧文斯:《基督宗教形而上学入门》,米尔沃克,1963 年,第 81 页,注 3;“圣托马斯·阿奎那著作中关于存在的多样性和公共性”,《中世纪研究》,22(1960 年),第 257—302 页。

〔7〕亚里士多德:《形而上学》,V,16,1021b30;阿维洛伊:《〈形而上学〉注》,V,t. c. 21,62ra10—13 以下。单纯的完满性,原文为“perfectum simpliciter”,亦可译为“本真的完满性”。

〔8〕参阅《神学大全》,I,4,2;《反异教大全》,I,28。

〔9〕所谓性质意指能力,事物运作的直接的源泉。例如,火,是藉着它的热的性质而使别的物体暖和的。如果火也能够是凉的,并且也确实藉着这一种性质,做任何别的事情,则这种能力就包括所有的能力。根据这一类比,上帝就藉着他的存在而具有无限制的存在的能力(virtus essendi)。参阅《反异教大全》,I,28,§1,2。

〔10〕《论原因》,4;上引书,第167页。参阅托马斯:《〈论原因〉注》,命题4,H. D. 莎福利编,第30页;命题5,第39页。《论独立实体》,8,L. 莱斯考编,§45,第82页。《神学大全》,I,50,2,答4。

〔11〕参阅本文第4章第5节。

〔12〕阿维森纳:《论灵魂》,V,3,14rb以下。

〔13〕参阅托马斯:《〈箴言四书〉注》,Ⅱ,第3章,问题1,款4;曼德纳特编,Ⅱ,第99—100页。

〔14〕参阅上引书,款6,第104页;《真理论》,4,1,答8;10,1,答6;《反异教大全》,I,3,§5;《〈形而上学〉注》,VII,第12节,§1552。

〔15〕参阅《〈箴言四书〉注》,Ⅱ,第3章,问题1,款5—6;曼德纳特编,Ⅱ,第98—106页。

〔16〕阿维森纳:上引书,I,1,1rb以下。

〔17〕阿维森纳:《形而上学》,V,6,90rb以下。

〔18〕阿维森纳:《论灵魂》,I,1,1rb以下。

〔19〕《动物志》,VIII,1,588b4—14。米歇尔·斯考特由阿拉伯文译出亚里士多德关于动物的三篇论文,题为《论动物》。其中,第1—10卷对应于《动物志》;第11—14卷,对应于《动物分类学》。参阅罗兰—戈色林,上引书,第42页,注1。

〔20〕《动物分类学》,I,2,642b5。

〔21〕参阅本著第3章。

第六章　作为在偶性中所发现的本质

既然我们已经解释了本质是如何存在于所有类型的实体之中的，则我们现在就应当着手来澄清本质是如何存在于偶性之中的。而且，既然，如上所述，本质是那种由定义所意指的东西，偶性也就必定以其具有定义的那种方式具有本质。[1]然而，偶性所具有的定义是不完全的，因为偶性的定义若不包括主体，偶性便不可能得到界定。[2]而这是因为离开了主体，偶性自身是不可能自行具有存在的。正如实体的存在是由形式和质料结合在一起产生的一样，偶性的存在则是当偶性进入主体时，由偶性和主体产生出来的。由于这个缘故，无论是实体的形式还是质料，都不具有完全的本质(completam essentiam)。这是因为实体形式的定义必定包括该形式的主体。从而，它就必须藉添加其属相之外的某种东西才能得到定义，这和偶性形式的定义是一模一样的。这也就是自然哲学家当定义身体时何以要把身体放进灵魂定义之中的缘由。在这些自然哲学家看来，灵魂只不过是物质身体的形式而已。

然而，在实体的形式(formas substantiales)和偶性的形式(formas accidentales)之间是有明显分别的。正如实体的形式如果没有与之结合的东西，其本身是不可能具有绝对存在一样，与之结合的东西，即质料，也是如此。在由这两者的结合所产生出来的那种存在中,事物是自身独立存在(subsistit)的,而且由这两者也产生了某种本质上为一的东西。因此,本质是由它们的结合产生出来的。由此便可以得出结论说,尽管形式,就其自身来看,尚不具备本质的完全形态(completam rationem essentiae),而只是完全本质的一个部分。然而,偶性附着的东西就其自身而言,却是一个完全的存在者(ens),以它自己存在的方式独立存在。而且,这种存在在本性上是先于附加其上的偶性的。这也就是那附着他物的偶性(accidens superveniens),靠它同其所附着的主体的结合,何以产生不出该事物借以独立存在以及该事物借以成为一个存在者本身的那种存在的原因。毋宁说,它产生的只是某种次级存在(esse secundum);即使没有这种次级存在,我们依然能够设想独立存在的事物(res subsistens)存在,因为首要的东西是无需借助于次要的东西即能够为人所理解的。因此,由偶性及其主体所产生的并非是本质上为一的某种东西,而只是偶性上为一的某种东西。这就说明了它们的结合何以不能够像形式与质料的结合那样,形成一个本质。这也说明了偶性何以既不具备完全本质(completae essentiae)的本性也不能成为完全本质的一个部分。正如偶性只是在一种有所保留的意义上才称得上一个存在者(ens)一样,它也只是在一种有所保留的意义上(secundum)才说得上具有本质(essentiam)的。[3]

但是,一个属相中被说成是最充分和最真实的东西是该属相中所有后起事物的原因。例如,火,由于其在热的方面是终极的,故而成了别的热的事物的原因,就像《形而上学》第 2 卷中所说的那样。[4]因此,实体,既然在存在者的属相中是占第一位的,是以最真实、最充分的方式具有存在的，也就必定是偶性的原因。因为偶性是附随地并且是在有所保留的意义上分有存在的本性的。然而，这种情况是以不同的方式发生的。既然实体的组成部分有质料和形式两个方面，则一些偶性便主要是形式的结果，而另一些偶性便主要是质料的结果。[5] 有一种形式，例如理智灵魂（anima intellectualis），其存在并不依赖于质料，[6] 而质料却只有通过形式才能够具有存在。因此，在那些由形式产生出来的偶性中，有一些与质料毫不相干，例如，理解活动（intelligere）就不是藉形体器官而实现出来的，哲学家在《论灵魂》第 3 卷中曾经对此作出过证明。[7] 反之，其他一些来自形式的偶性，则同质料确实相关，例如感觉（sentire）等等就属于这一类偶性。但是，却没有任何一种来自质料的偶性而与形式毫无关系的。

不过，在那些来自质料的偶性中，我们也能发现下述差异。一些偶性是由于其同特殊形式（forma specialem）的关系（ordinem）而由质料产生出来的，例如动物中虽然有雄雌两性，但是它们之间的差异却是可以归结为质料的，《形而上学》第 10 卷就曾经这样说过。[8] 因此，动物的形式如果撤销了，这些偶性也就不再继续存在下去了，除非在某种多义的形式下存在下去。其他的偶性则是由于其同一般形式（forma generalem）的关系而由质料产生出来的。在这种情况下，当特殊形式撤走的时候，这些偶性就依然存在于质料之中。例如，一个埃塞俄比亚人的皮肤的黑色就是来自各种元素的混杂，而非来自灵魂的概念。因此，黑色在他死后依然存在于这个人身上。

既然每一件事物都是藉质料而得以个体化的，都是藉它的形式而被安置进它的属相或种相的，则由质料产生出来的偶性便是个体事物的偶性，属于同一种相的诸多个体便是藉这些偶性而相互区别开来的。但那些由形式产生出来的偶性却是该属相或种相的固有属性(propriae passiones)，所以，它们就发现存在于所有那些分有该属相或种相本性的事物之中。例如，一个人之笑(visibile)这种偶性就是由人的形式产生出来的。因为笑是由人的灵魂的一定种类的知觉产生出来的。

我们还应当看到，偶性有时是由一件事物的本质的原则按照其完满的现实性产生出来的，就像火的热度一样，火始终现实地是热的。但有时偶性却是作为实体的倾向产生出来，进而由一种外在的活动主体予以成全的，例如，空气的透明性就是这样，它只有藉一个外在的发光体才能够臻于成全。[9] 在这样一些情况下，倾向(aptitudo)作为一种偶性虽然是不可分离的(inseparabile)，但倾向的完成(complementum)，既然来自外在于该事物本质的某项原则(ex aliquo principio)，或是并不进入该事物的结构之中(non intract constitutionem rei)，则是可以与之分离的，就像运动以及诸如此类的别的偶性一样。

我们还应当进一步注意到：属相、种相和种差之起源于偶性的方式与起源于实体的方式是不同的。在实体中，由实体的形式和质料所构成的是本质上为一的某种事物，它们结合所形成的是可以恰当地放入实体范畴(praedicamento substantiae)之中的单一的本性。因此，在实体的情况下，意指这种复合物的具体名词能够恰当地被说成是处于一个或是种相或是属相的范畴之中，例如，它能够恰当地被说成是处于“人”或“动物”的范畴(praedicamento)之中。

反之，无论是形式还是质料却都不能以这样一种方式，而只能通过还原，处于一个范畴之中。例如，“原则”便可以被说成是处于一个范畴之中。[10]然而，由偶性及其主体却产生不出其本质上为一的某种事物，从而由这两者的结合也产生不出属相概念或种相概念可以归属的一个本性。因此，具体指称偶性的词项，如“某个白色的东西”或“某个音乐家”，除非借助于还原，便不能够被归属到作为种相或属相的范畴里。只有当它们用来抽象地指称事物的时候，如“白”和“音乐”，才能够被归属到一个范畴之中。而且，由于偶性并不是由质料和形式组合而成的，故而我们不可能像对待复合实体那样，由质料获得属相，由形式获得种差。毋宁说，我们必须由它们的存在样式本身获得它们的原初属相（genus primum）。因为，“存在者”（ens）这个词是可以依据在先性和在后性用来以不同的方式述说十大范畴的。[11]例如，量之所以被称作一个存在者，乃是因为它是实体的尺度，质之所以被称作一个存在者，乃是因为它是实体的倾向（dispositio substantiae），如此等等，一如哲学家在《形而上学》第 9 卷中所说的那样。[12]

然而，偶性的种差却来自产生它们的原则的多样性（diversitate principiorum）。既然一个主体的属性是由该主体特定的原则产生出来的，则如果主体的属性是以抽象的方式得到界定的，该主体就将取代种差的位置而被放进它们的定义之中。例如，当我们说所谓狮子鼻（nasi curvitas）意指的就是鼻子的向上翘起的曲度的时候，事情就是这样。但如果我们是以具体的方式来界定它们的话，相反的情况就是真的。在这种情况下，该主体就将作为属相而被放进它们的定义之中。因为这些偶性因此就将像复合实体那样得到界定。因为在复合实体中，属相的概念是由质料产生出来的。例如，当我们说狮子鼻是一种向上翘起的弯曲的鼻子的时候，情况就是这样。当一个偶性是另一个偶性的原则的时候，例如，当活动、被动和量构成关系的原则的时候，这也同样是真的。哲学家在《形而上学》第5卷中就是参照这些来区分关系的。[13]但是，由于偶性的这些特定的原则并不总是显而易见的，我们有时就只好从偶性的结果来发现它们的种差。例如，当我们说颜色分为“深”和“浅”两种种差时，这两种颜色其实是由光线的强弱造成的，而且，正是光线的强弱造成了不同种相的颜色。[14]

注释

〔1〕参阅本著第1章第3节。

〔2〕偶性是这样一种本质，其本性在于它是以存在于一个主体之中的方式存在于一个实体之中的。参阅《神学大全》，Ⅲ，77，1，答2；《〈形而上学〉注》，VII，第1节，§1248，第4节，§1335—8；《〈论灵魂〉注》，Ⅱ，第1讲，§213；《托马斯·阿奎那论文集》，IX，5，答2。关于偶性的本性，参阅吉尔松：《圣托马斯的基督宗教哲学》(纽约，1956年)，第30—31、177、445页，注5；欧文斯：《基督宗教形而上学入门》，米尔沃克，1963年，第143—146、155—157、165—178页；J. A. 艾伯森：“依照圣托马斯论偶性的存在”，《现代经院哲学家》，30(1953年)，第265—278页。

〔3〕偶性不是一个存在者(ens)，而是一存在者的存在者(ens entis)。例如，颜色总是某件事物的颜色。偶性虽然并不存在，但是却存在于某种事物之中。例如，白色并不存在，但是，事物却以白的方式存在。参阅《神学大全》，I，28，2；《〈形而上学〉注》，VII，第1节，§1253；《〈形而上学〉注》，XⅡ，第

1 节，§ 2419;《托马斯·阿奎那论文集》,IX,5,答 1。

〔4〕亚里士多德:《形而上学》,Ⅱ,1,993b24。

〔5〕这种观点的基础见阿维森纳:《充足之书》,I,6,17b 以下。

〔6〕参阅托马斯·阿奎那:《争辩问题集·论灵魂》,1。

〔7〕亚里士多德:《论灵魂》,Ⅲ,4,429b3。参阅托马斯:《〈论灵魂〉注》,Ⅲ,第 7 讲。

〔8〕亚里士多德:《形而上学》,X,9,1058b21。参阅托马斯:《〈形而上学〉注》,X,第 9 节,§ 2128—2134。

〔9〕按照亚里士多德的观点,透明性(diaphaneitas)在一定程度上是渗透所有物体的本性,但是却特别地指空气和水,使它们能够接受光。参阅亚里士多德:《论感觉》,3,439a17—b18;《论灵魂》,Ⅱ,7,418b4—14;托马斯:《〈论感觉〉注》,第 5 讲,《托马斯·阿奎那全集》,纽约,1949 年,20,第 157 页;《〈论灵魂〉注》,Ⅱ,第 14 讲。

〔10〕形式和质料不是直接地或藉它们自身存在于一个范畴之中,而是藉它们作为其原则的实体存在于范畴之中的。同样,缺乏或盲也只有藉作为所缺乏的视的肯定性能力才能被置放进范畴之中。参阅《神学大全》,I,3,5;《真理论》,27,1,答 8。

〔11〕参阅托马斯:《〈形而上学〉注》,IV,第 1 节,§ 535—543。关于存在的类似的称谓,参阅费兰:《圣托马斯与类比》(米尔沃克,1941 年),(重印载《费兰论文选集》,第 95—121 页);E. 马斯卡尔:《存在与类比》,伦敦与纽约,1949 年;J. E. 安德森:《存在的粘连》,圣路易斯,1949 年;G. P. 克卢伯坦茨:《圣托马斯·阿奎那论类比》,芝加哥,1960 年;R. M. 麦金纳尼:《类比的逻辑》,海牙,1961 年;欧文斯:《基督宗教形而上学入门》,米尔沃克,1963 年,第 86—93、162 页。

〔12〕亚里士多德:《形而上学》,IV,2,1003a33—b10.

〔13〕亚里士多德:《形而上学》,V,15,1020b26。参阅托马斯:《〈形而上

学〉注》,V,第 17 节。

〔14〕按照中世纪的物理学,颜色的不同种相是由白与黑的不同混合产生出来的,其中,白色包含着最大量的光,黑色则包含着最小量的光。一个具有大量白色,从而包含着大量光的颜色扩大或增加视力;而具有大量黑暗,从而缺乏光的黑暗则缩小或减弱视力。参阅柏拉图:《蒂迈欧篇》,67E;亚里士多德:《形而上学》,X,1057b8—18;托马斯:《〈形而上学〉注》,X,第 3 节,§1968;第 9 节,§2106、2107。

结　　论

这样，我们就澄清了本质是以什么方式存在于实体之中和偶性之中的，是以什么方式被发现存在于复合实体和单纯实体之中的。同时，我们也澄清了逻辑的普遍概念（intentiones universales logicae）是以什么样的方式存在于所有这些事物之中的。当然，第一存在，由于它的绝对单纯性（in fine simplicitatis），是一个例外。由于它的单纯性，无论是属相的概念还是种相的概念，以及定义的概念，都不适合于它。正是在这一存在者中，我们这篇论文发现了它的旨意和圆满（finis et consummatio）。阿门。

附录一

西方形而上学传统中的一部经典之作

——对托马斯《论存在者与本质》的一个当代解读

《论存在者与本质》是托马斯·阿奎那的早期著作之一，大约写于1256年3月之后的一段时间。对于托马斯的这部著作，当代著名的中世纪学者阿·莫勒(1915—2008)给予极高的评价，曾称其为西方形而上学传统中的一部“经典”(a classic)。[1]经典者，楷模或典范作品之谓也。这部著作篇幅很小，翻译成汉字也就区区几万字。如此一部哲学小品竟能享有如此崇高的哲学地位和哲学声誉实在是西方哲学史上一件令人叹为观止的事件，其中必定有许多值得我们探索和玩味的奥妙。

一、对传统逻辑主义思维范式的颠覆：实存概念VS逻辑概念

在《社会契约论》中，卢梭曾经对人类的自由给出了一个著名的悖论式的表述：L’homme est né libre，et partout il est dans les fers.[2]这句被译为“人是生而自由的，但却无往不在枷锁之中”的至理名言的真义在于：人是在不断摆脱枷锁的过程中获得和享有自由的。看来，形而上学的命运也是如此。形而上学本来在哲学中是应当享有至高无上的地位的，但是，它却无时不在遭受奴役或受到支配的处境之中，从而它也只有在不断地摆脱奴役和枷锁的过程中才能获得或享有其至高无上的地位。

在一定意义上，我们甚至可以说西方形而上学差不多从其诞生之日起就一直饱受逻辑主义的奴役或支配。按照海德格尔的说法，形而上学的主导问题是“存在是怎么一回事(Wie stebt es um das Sein)?”或“追问存在的问题(die Frage nach dem Sein)”、“追问存在的本质问题(die Frage nach dem Wesen des Sein)”。[3]然而，从西方哲学史来看，人们在追问“存在的问题”时却可以采取两种不同甚至对立的致思路线，既可以采取逻辑主义或抽象主义的路线，也可以采取实存主义或具体主义的路线。遗憾的是，西方哲学在其产生及其随后的很长一段时间里，就其主流而言，所采取的正是一条逻辑主义或抽象主义的路线。这在埃利亚学派奠基人巴门尼德和柏拉图学派奠基人柏拉图那里均有典型的表现。巴门尼德是西方哲学史上提出和探究“存在”概念的第一人。黑格尔曾因此说过“真正的哲学思想”始于巴门尼德的话，[4]足见其在西方哲学史上居功甚伟。但是，巴门尼德却不是从实存论的立场而是从理智主义的和语义学的立场来讨论和探究存在概念的。[5]按照巴门尼德的说法，我们有两种不同甚至对立的存在观。这就是：“存在者存在，它不可能不存在”以及“存在者不存在，这个不存在必然存在”；[6]其中第一种存在观是真理，第二种存在观则只是一种意见。那么,巴门尼德用以区分或判定真理与意见的标准和根据究竟何在呢?对此,巴门尼德交待得很清楚,这就是:“能被思维者和能存在者是同一的”,“可以言说、可以思议者存在”。[7]这就明白无误地告诉我们,存在者存在的根据无他,完全在于它的可思维性、可言说性和可思议性。凡可思维、可言说和可思议的便都有可能存在,而凡不可思维、不可言说和不可思议的便都不可能存在。这就在事实上陷入了理智主义。而这样一种理智主义其实也就是一种抽象主义。因为最具有可思维性、可言说性和可思议性的东西不是别的,正是那最为抽象的理智概念。也正是在这个意义上,巴门尼德强调说:“存在者不是产生出来的,也不能消灭,……它是完全的、不动的、无止境的。它既非过去存在,亦非将来存在,……它整个在现在,是个连续的一。”[8]然而,这样一种理智主义和抽象主义本质上也就是逻辑主义。这不仅是因为,在“存在者存在”的这一论断中,存在者(to eon)和存在(estin)成了一种主谓关系或纯粹的句法关系,而且还因为矛盾律最终成了巴门尼德判断该命题真假的最后根据,而存在也因此最终演变成了一个最为普遍从而也最为空洞的逻辑范畴。这样一来,巴门尼德的存在观归根到底也就成了一种有无倒置的世界观:唯有人类理智形成的那个仅仅在人的心灵中有其存在可能性的最抽象、最空洞的存在范畴是真实的存在,而除此之外的所有的现实存在的有生有灭、有动有静的存在者却都因此而统统成了“非存在”。“在者(实存者)非在,非在者(仅仅存在于人的心灵中的并非实存的逻辑概念)在”,这就是巴门尼德存在论之谜的谜底。从这个意义上,我们不妨将智者高尔吉亚的“无物存在”视为巴门尼德存在论的一个注脚,虽然他们的哲学进路并不完全相同。

尽管巴门尼德的存在论在他的学生埃利亚的芝诺那里得到了辩护，但真正将其推向前进的则是柏拉图。柏拉图的主要思想是理念论。[9]柏拉图和巴门尼德一样，都持守一种二元论立场，一方面主张“理念”和“理智世界”的实在性，另一方面又强调“理智世界”与“可见世界”的对置。不过，柏拉图在强调两个世界区分的前提下似乎开始着手处置它们之间的关联问题。他的分有说或摹本说即是为了解释这两个世界之间的“因果关系”而提出来的。然而，柏拉图的主要兴趣却在于他的理智世界或理念世界的设计，在于通种论的论证，在于建构作为“理性”科学的“辩证法”。柏拉图在其著作中不止一次地宣称，辩证法是“最高的学问”，“摆在一切科学之上，作为一切科学的基石或顶峰”。[10]他也因此而被人称作“辩证法，即第三哲学的创始者”。[11]柏拉图的理念论因此所改变的就不是巴门尼德存在论的理智主义、抽象主义和逻辑主义本质，而只是它的理论形态而已。而且，巴门尼德的二元论在柏拉图这里因此也就根本不可能得到克服，以至于柏拉图本人也承认在他的理念论中不仅依然存在着两个世界：“可见世界”（即“我们这个世界”）和“理智世界”（“另一个世界”或“神的世界”），而且，“我们这个世界里的事物的意义与另一个世界里的事物的意义无关，这些相也不会因为与我们有某种关系而具有它们的意义，而是如我所说，那个世界里的事物因其相互之间的关系而产生意义，就像我们这个世界上的事物一样。”[12]与巴门尼德二元论的区别仅仅在于，在柏拉图的二元论里，尘世世界的事物既非存在也非巴门尼德的非存在，而成了理念的摹本或存在的表象。海德格尔在谈到柏拉图这种新型的二元论时，曾经相当中肯地指出："表象（Schein）被解释成单纯的表象（bloßen Schein）从而降低了。和表象一起，存在（Sein）作为理念（idea）被提升到一个超感觉的去处（einen übersinnlichen Ort）。在尘世下面（hier unten）只是看来像是的存在者（dem nur scheinbaren Seinden）和在苍天上面（droben）不知在何处的现实的存在（dem wirklichen Sein）之间，划出裂缝（die Kluft，chōrismós）。"[13] 罗马作家西塞罗在谈到苏格拉底的道德哲学时，曾说苏格拉底"把哲学从天上带到了地上"，[14] 据此，我们完全有理由说：柏拉图的理念论重新将哲学从地上抛回了天空。

对于巴门尼德存在论和柏拉图理念论的理智主义、抽象主义和逻辑主义，当代西方大哲尼采和海德格尔都曾给出过一针见血的批评。尼采在《偶像的黄昏》中曾遵循赫拉克利特，宣布："存在是一个空洞的虚构"，"存在只不过是一个词"。[15] 他在解剖"哲学中的'理性'"时，极其尖锐地指出："几千年以来，哲学家所处理的，都是概念木乃伊；没有任何真实的东西活着逃离他们的魔爪。当他们表示敬慕时，这些崇拜概念偶像的先生们实际上是在宰杀，是在剥制，——当他们表示敬慕时，他们把一切事物都变成了有生命危险的东西。死亡、变化、衰老以及产生和增长，对他们来说都是异议，——甚至是反驳。存在者不变化，变化者不存在……他们全都相信——甚至带着绝望——存在者。但是，由于他们没有获得存在者，于是，他们便寻找它被隐瞒的原因。'我们之所以知觉不到存在者，这一定是由于存在着一种假象，一种骗局。骗子隐藏在哪儿呢？''我们发现它了'，他们欣喜若狂地喊道：'这就是感性！这些感官（此外，它们也是极为不道德的），它们在真实世界的问题上欺骗了我们。”[16]这就是说，在尼采看来，西方哲学史上包括巴门尼德和柏拉图在内的哲学家们其实都是“概念偶像”的崇拜者；无论是在巴门尼德那里还是在柏拉图那里，“存在”都是一种“空洞的虚构”，都是一种“概念木乃伊”。巴门尼德的远离意见之路的真理之路，本质上就是一条炮制概念木乃伊的道路，一条远离真实世界（感觉世界）的道路。柏拉图的理念论或辩证法同样也是一条炮制概念木乃伊的道路，一条远离真实世界（感觉世界）的道路。柏拉图之所以在认识论上不仅强调理性与想象和感觉的区别，而且还进而强调理性与理智的区别，在本体论上不仅强调理念与影像和个别事物的区别，而且还进而强调理念与数的区别，其目的都在于逃避感官世界（真实世界）的“假象”和“骗局”，都在于编织脱离和超出感官世界（真实世界）的理性世界——一个概念木乃伊世界。

海德格尔几乎毫无保留地赞同尼采的上述立场。他回应道：在传统哲学那里，“‘存在’这个词最终只是一个空洞的词（ein leeres Wort）。它意指非现实的，不可把握的，非真实的。它的含义是一种非现实的迷雾（ein unwirklicher Dunst）。当尼采称像‘存在’这样的‘最高概念’为‘气化实在的最后一道青烟（den letzten Rauch）’时，他最终是完全正确的。谁要想追逐这样的一团迷雾，他所说出的词就只会为一个巨大的迷雾立名。”[17]海德格尔超出尼采的地方在于：他不仅像尼采那样昭示和无情地批判传统哲学中的“存在”概念的空洞性，而且还力求站到挽救、捍卫和提升整个西方精神的高度来处理“存在”概念的意义问题。在海德格尔看来，在讨论“存在”的意义之前还有一个需要先行认识和解决的问题。这就是："究竟'存在'只是个单纯的词(ein bloßes Wort)，其意义只在于一团迷雾(ein Dunst)呢？还是说它的意义决定了西方的精神命运(das geistige Schicksal des ABendlandes)？"[18]对于海德格尔来说，精神并非巴门尼德和柏拉图所说的"单纯的理智"或"理性"而是一种"向着存在的本质的、原始地定调了的、有所知的决断(ursprünglich gestimmte, wissende Entschlossenheit zum Wessen des Seins)"。[19]既然如此，他在思考"存在是怎么一回事"这个形而上学的首要问题时便不仅和尼采一样对传统哲学的理智主义和逻辑主义采取了零容忍的态度和立场，而且还力求对之作出更为深入更为细致的剖析。针对传统"存在"学说的逻辑主义倾向，海德格尔力图在对"逻辑"概念的具体考察中对传统存在学说作出一番清算。海德格尔区分了两种逻辑概念，一种是作为"思之学"的逻辑概念，一种是作为"说之学"的逻辑概念。海德格尔持守的是那种作为"思之学"的逻辑概念。他宣称："逻辑是思之学(die Wissenschaft vom Denken)，是讲思之规律与所思之形式的学说。"而这样一种逻辑着眼的是"存在"，是"自然或存在(Sein, phusis)与逻各斯的一种原始结合(einen ursprünglichen Zusammenhang)"。[20]但是，一些"学院教师"却认定逻各斯即意指讲话，随意地将逻各斯与自然或存在割裂开来而将其与"讲话(legein)"撮合在一起，从而使逻各斯或逻辑变成了一种"说话之学(die Wissenschaft von der Aussage)"。[21]这样一种作为"说话之学"的逻辑或逻辑学的根本危害在于它对哲学或形而上学的腐蚀和取代。这是因为，如果逻辑或逻辑学成了一种说话之学，它就必定要"关于什么说点什么(etwas über etwas sagen)"。[22]而"关于什么要说起来的这个什么，就是总要成为说出来的依据的东西，就是摆在它面前的东西”，也就是各种范畴。“这样的关于存在以及对存在者的诸多规定的学说就从这个地方变成追究范畴及其他条理的学说了。一切本体论的目标就是范畴学说（die Kategorieenlehre）。”[23] 而且，“在说出来的形态上逻各斯本身就变成摆在那里的东西了。此一现成的东西由此就是便于使用的东西了”，换言之，变成“工具（Werzeug）”了。[24] 而逻辑学也正是以“赢得真理”的“工具”的名义而降生在世的。[25] 这样一来，逻各斯或逻辑非但不再属于哲学或形而上学本身，反而成了远离和扼杀哲学或形而上学的东西了，成了“一件学院之事，组织之事与技术之事（eine Angelegenheit der Schule，der Organisation und der Technik）了”。[26] 更为严重的是，人原本是一个“苍劲者（das Unheimlichste）”、“强力者（Gewaltigen）”和“向着存在的本质的决断者”，但这样一种逻辑学却从人类学，甚至从生物学的立场来审视“人的存在的本质（des Wesens des Menschseins）”，[27] 来回答“人是谁（wer der Mensch sei）”的问题，[28]，把人界定为“理性的动物”。这样一种人类学之所以不能容忍，正在于它把人降低到动物的层次，换言之，它不把人当人，而是把人当成了一种动物。因为“这种人类学之想到人的方式，从根本上说，是和动物学（die Zoologie）之想到动物（die Tiere）是完全一样的”。[29] 海德格尔诘问道：“逻辑本应是讲思的学说（die Lehre vom Denken）。为什么逻辑是说话之学呢？”[30] 他愤然说道：“逻辑是在柏拉图亚里士多德学院派的学院活动范围之内产生的。逻辑是学院教师的一种发明（eine Erfindung der Schullehrer），而不是哲学家的发明。”[31] “逻辑在今天也还统治着我们的思和说而且从早期开始就从根本上附带规定着语言之文法结构从而附带规定着西方人对一般语言的基本态度。”[32]也正是基于这样一种认识和立场,海德格尔发下了“把逻辑学(亦即作为阐释存在之标准视线)从其根本处进行根本改造”的宏愿。[33]而海德格尔的形而上学、“基础本体论”和“诗化本体论”无疑正是他“从根本处”对传统逻辑学进行“根本改造”的基本成果。

然而,对传统存在学说和传统逻辑学的改造工作却并非是从海德格尔才开始的。事实上,早在十个世纪之前,即早在公元10世纪,就有人开始着手这项改造工程了。不过这项改造工程不是由希腊人而是由阿尔法拉比和阿维森纳等阿拉伯哲学家启动的。第一个开展这项改造工作的是阿尔法拉比。阿尔法拉比(Al Farabi,约875—950)是第一位“伊斯兰的亚里士多德主义者”,在阿拉伯世界学术地位很高,仅逊于哲学导师亚里士多德,有“第二导师”之称。然而,他对传统存在学说和传统逻辑学的改造却正是从创造性地诠释亚里士多德的“实体”学说起步的。亚里士多德曾将他的“第一哲学”(亦即其门徒后来所谓“形而上学”)界定为“一门研究所是的东西自身以及出于它的本性的属性的科学”。[34]亚里士多德认为,这种“所是的东西”与巴门尼德的哲学概念“一”和柏拉图的哲学概念“善”其实是一回事,而他自己给出的名称则为“实体”。实体的含义涉及两个层面:一是“是不是?”二是“是什么?”前者关乎“这一个(tode ti)”,关乎存在(to on)。后者则关乎“其所是(ti estin)”,关于本质(ti esti,ousia,eidos)。亚里士多德断言:“这一个本身和其所是并非偶然相同,而是完全同一”,“就原始意义和就自身而言,其所是和这一个,很显然是一回事”,“存在有多种意义，它或者表示是什么和这一个，或者表示质，或者表示量，或者表示这些范畴中的任何一个。尽管存在的意义有这样多，但‘是什么’还是首要的，因为它表示实体”。[35]因此，我们可以说，在亚里士多德这里，也和在巴门尼德和柏拉图那里一样，存在与本质之间是没有什么分别的：本质即是存在，存在亦即本质。针对西方哲学这样一种理智主义、逻辑主义或本质主义传统，阿尔法拉比旗帜鲜明地提出了存在与本质的“区分说”。阿尔法拉比强调说："在存在着的事物中，本质和存在是不同的。本质不是存在，也不包含在它的含义之中。”[36]他举例说，人的本质并不包含他的存在。即使我们认识到了一个人的本质，我们也不能因此而断定他是否现实地存在。另一方面，“存在也不包含在事物的本质之中，否则的话，存在就是构成一个事物的性质，对它本质的认识若无对它存在的认识就是不完全的了。”我们可以根据人的定义而知道一个人的肉身性和动物性，但是我们却不能因此而判定他究竟是否存在。我们要判定这个人是否存在，就必须对他“有直接的感官知觉，或有间接的知觉作为证据”。[37]存在与本质的同一不仅是传统本质主义和传统存在学说的基础，而且也是传统理智主义和传统逻辑主义的通道。阿尔法拉比的存在与本质的区分说，不仅从根本上否定和颠覆了传统本质主义和传统存在学说，而且也从根本上堵塞了传统理智主义和传统逻辑主义的通道，是西方形而上学史上一项标志性成就。它标志着西方哲学的一种根本转向：从拘泥于存在概念的语词分析和逻辑演绎转向对存在概念的实存论考察，转向对存在者之存在和存在本身的考察。因为倘若存在与本质不是一回事，这就不仅引发出了存在者的存在与存在者的本质究竟是一种什么样的关系问题，而且还进而引发出了存在者何以存在的问题。关于第一个问题，阿尔法拉比给出的答案是："存在不是一个构成性质，它只是附属的偶性。"[38]这就是说，存在只不过是实体的一种"附属偶性"或"偶然属性"而非它的"本质属性"。偶然者，可有可无之谓也。我们心灵中可以具有关于某个存在者的本质属性的概念，却并不足以保证这个具有本质或本质属性的存在者存在。这个具有本质或本质属性的存在者既有可能在心灵之外存在也有可能在我们心灵之外不具有存在。这就是说，存在者的存在与存在者的本质之间并非像西方传统哲学家所说的那样是一种完全同一的东西，而是两种东西，两种既可以结合在一起也可以分别存在的东西。在解答存在者何以存在的问题时，阿尔法拉比将形而上学引向了对存在本身的考察。阿尔法拉比将存在区分为两种，即偶然存在和必然存在，并且将后者称作"第一存在"。他写道："万物分两种：其一，如果从其本体来看，它并不必须存在，被称作可能的存在或潜在的存在。其二，如果从本体看，它必须存在，被称为必然存在。可能的存在由于它本身既是起因又是结果故不可能走到'无限'，也不可能循环往复，最终必定归结到一个必然存在上，这就是'第一存在'。"[39]毋庸讳言，阿尔法拉比所说的"第一存在"即是伊斯兰教的"真主安拉"，而他关于两种存在之间的因果关系也暗示了伊斯兰教的真主创世说，但他将"存在"（而不是存在观念或存在范畴）提升到万物本源的高度及其将"存在"理解为创世活动的努力显然将一种崭新的内容赋予了"存在"，对后世的形而上学和存在学说产生了至为深广的影响。

阿尔法拉比之后，阿维森纳继往开来，把对传统存在学说和传统形而上学的改造工作进一步推向前进。阿维森纳(Avicenna,980—1037)主要在下述四个方面推进了这项改造工程。首先,阿维森纳进一步强调"存在"的实存性及其在哲学问题中的绝对优先性。阿维森纳认为,存在或存在自身并不是像西方传统哲学家所说,是一个空洞的"词",一个抽象概念或逻辑范畴,而是最原始、最根本的实在。他曾做出过一个被称作"空中人论证"的哲学论证:设想一个成年人突然被造了出来。他不是生活在地上,而是生活在空中,眼睛也被蒙蔽,什么也看不到,四肢也接触不到任何东西,而且相互之间也不能接触。那么,在这种条件下,他能够具有什么样的知识呢?他显然既不可能有关于外部世界的知识,也不可能有关于自己身体的知识。但是,这并不意味着他一无所知。因为即使在这样的条件下,他也不可能不知道他自己的存在。而这就意味着任何一个思想着的心灵在任何情况下都不可能没有关于存在的知识,存在问题是一个在先的问题,一个"对一切东西都是相同的东西",从而也就势必是"形而上学这一门科学的对象"。[40]这就是说,形而上学与其他科学的根本区别在于:其他科学所要回答的是存在的事物究竟是什么?而形而上学探究的则是存在事物的存在和存在自身。其次,阿维森纳的存在学说更具系统性。阿维森纳不是从存在概念或存在范畴出发而是从存在事物即存在者出发来阐释他的存在学说的。在阿维森纳看来,存在事物即存在者总包含存在与本质两个方面。其中存在又进一步区分为"必然存在"和"可能存在"。阿维森纳断言,每一件事物都具有一定的属性,但它们的存在却可以区分为"必然存在"和"可能存在"两种。而必然存在又进一步分为两种:其中一种是"因自身而必然的",而另一种则是“因他物而必然的”。因自身而必然的存在者其存在与本质无分别,而可能存在和因他物而必然的存在者与因自身而必然的存在者不同,一方面其存在与本质有分别,另一方面,其存在和本质(现实本质)归根到底都是由因自身而必然的存在者产生出来或创造出来的。阿维森纳将“因自身而必然的”必然存在称作“存在自身”。阿维森纳强调说,存在自身作为“动力因”不仅是赋予可能存在的事物和因他物而必然的事物以“存在”的原因,而且也是这些事物的“本质”得以现实存在的原因。阿维森纳强调说:“很显然而且也很确定,事物的本质原因——事物的本质是借着它才得以现实存在的——必定与它们所产生的东西同时存在,而且,它们也不是以被原因所产生的事物进入存在时它们就停止存在的方式先于事物而存在的。”[41] 这就从根本上颠倒了西方传统哲学家所主张和强调的存在与本质的主从关系:本质不再是决定存在者之存在的东西,反而成了为存在自身所决定的东西,离开了存在自身,可能存在和因他物而必然的存在者的本质充其量只能是一种潜在的本质而决然不可能成为现实的本质。最后,阿维森纳还进一步从认识论上强调了认识存在者在认识秩序上的在先性。阿维森纳把我们人的认识理解为一个由低级到高级的过程,一个从“感性知觉”到“想象”和“推测”再到“理性思维”的依次上升的过程。相应于人的这四个认识阶段,人的灵魂状态也有一个从“物质理智”到“习惯理智”和“现实理智”再到“获得理智”的过程。离开了对现实存在者的感性知觉,我们就不可能获得任何普遍概念和任何知识。也正是在这个意义上,阿维森纳强调说:“存在者与本质是理智的原初概念(primo intellectu concipiuntur)”。[42] 这和巴门尼德和柏拉图的理智主义和逻辑演绎路线也是正相反对的。如前所述，巴门尼德是将抽象的存在概念作为“理智的原初概念”，而柏拉图是将抽象的“理念”或“善”的理念作为“理智的原初概念”的，而阿维森纳则将“存在者”及其“本质”作为“理智的原初概念”，这就从根本上颠倒了巴门尼德和柏拉图所开创的西方认识秩序理论。

托马斯的《论存在者与本质》明显地带有阿尔法拉比和阿维森纳的烙印，特别是明显地带有阿维森纳的烙印，以至于有人认为托马斯的这部著作在形而上学概念方面是“依赖阿维森纳”的。[43]托马斯之特别地受到阿维森纳的影响也是非常自然的。众所周知，托马斯是在1252年秋季进入巴黎大学神学院学习，并于1256年9月获得其神学硕士学位的。而“阿维森纳在那时正是巴黎学界的风云人物”。[44]阿奎那在《论存在者与本质》中劈头第一句说的就是亚里士多德《天地篇》中的一句话：“差以毫厘，失之千里”。[45]这显然是在强调慎重对待研究哲学或形而上学的起始点的极端重要性。那么，究竟哪里能够成为我们研究哲学或形而上学的起始点呢？托马斯毫不犹豫地援引阿维森纳的观点，断言我们研究哲学或形而上学的起始点不是别的，正是阿维森纳所说的“存在者(ens)”和“本质(essentia)”。[46]在托马斯看来，正是在“存在者”和“本质”这样两个问题上，我们看到了巴门尼德—柏拉图哲学路线与阿尔法拉比—阿维森纳哲学路线的原始分歧和根本对立。

首先，是存在者问题。存在者是一种逻辑概念还是一种实存呢？这个由阿尔法拉比和阿维森纳提出的问题，在托马斯看来，正是哲学研究或形而上学研究必须首先面对并予以妥善处理的问题。巴门尼德主张"存在者存在",他讲的"存在者"即是那作为最高属相的逻辑范畴"普遍的一"。柏拉图主张理念论,在他那里,真实的存在者不是别的,正是他所谓的理念,尤其是善的理念,从而归根到底也只是一种逻辑范畴。这样一来,在他们那里,真实的现实存在者不是成了非存在(在巴门尼德那里),就是成了次级存在或派生的存在(在柏拉图那里)。这样的哲学自然也就只能是一种与现实存在者无关或无直接关联而仅仅相关于抽象概念或逻辑范畴的"辩证法"或逻辑学。因此,形而上学若要避免堕落成为外在于现实存在者的空洞无物的逻辑学,它首先就必须面对"形学(物理学)",成为一种自然哲学,成为一种直面"物理事物"或直面"自然(Physis)"、直面现实存在者而非逃避"自然"或现实存在者的学问;[47]换言之,就是应当像阿维森纳那样,从现实的存在者出发,从考察和探讨存在者的构成出发,从考察和探讨存在者何以存在、存在者的本质何以能够实现出来这样一些基本的形而上学问题出发。尽管阿维森纳—托马斯的这样一种哲学转向也受到了后人的诟病,被指责是在用"特殊的存在者(besonderen Seinden)"来充实希腊哲学家"存在"概念和"存在者"概念的"空洞(die Leere)",[48]但无论如何,他们的这样一种努力毕竟对哲学或形而上学面向"存在者"和"存在本身"、由"空学"转化为"实学"作出了重要贡献,构建了西方哲学发展史上的一座丰碑。

其次,是本质问题。本质(essentia),按照托马斯的理解,是一个既与"存在"又与"存在者"直接相关的东西。说它与"存在"相关,从语源学方面讲,是因为意为"本质"的拉丁词 essentia 即源于不定式 esse("去存在");从生成论的角度讲,乃是因为唯有存在或存在活动才有可能使潜在的本质转化成现实的本质。说它与存在者相关，乃是因为本质虽然在一定意义上与本性或实质是一回事，但唯有本质才具有实存性，才可以被设想为存在者的潜在性。也正是从这个意义上，托马斯宣称："我把其现实性是存在者的东西称作本质。"[49]与托马斯强调本质的实存性、将本质理解为实存的一个构件不同，传统哲学家则更多地将本质理解为一种逻辑概念或范畴。意为本质的希腊词 ousia，本来与意为本质的拉丁词 essentia 一样，也是意为"去存在"的希腊词 einai 的现在分词，但在希腊哲学家那里，则逐步演变成了一种抽象概念或逻辑范畴。在柏拉图那里，与 ousia 相当的被称作 eidos（理念），而在亚里士多德那里，与 ousia 相当的则被称作 ti estin（"其所是"）。然而，要指出一件事物（一个实体）的"其所是"也就是给它的本质下定义。而为要给一件事物或一个实体下定义，也就必须借助于属相、种相和种差才行。而能够成为属相、种相和种差的东西的，总是这样那样的类概念或逻辑范畴。例如，我们要给人下一个定义，我们就必须使用"人性"、"理性"和"动物性"这样一些抽象概念或逻辑范畴。然而，这里显然存在两个重大问题。一个问题是，既然进入定义中的抽象概念或逻辑范畴都是一种类概念，它们就根本不可能用来界定特殊的存在者或个体事物。这一点连亚里士多德本人也明确承认。他写道："没有关于个体的定义；它们通过感觉被直观地辨认，没有实际经验，不能明白它们是否存在。但它们总是通过普遍性被表达与认识。"[50]这就使我们的认识活动总是处于一种悖论状态中：我们总是用抽象的"其所是"来断定具体的"其所是"，总是用事物的普遍本质来取代或偷换事物的特殊本质，从而使得我们的认识活动总是搁浅在抽象概念的抽象王国而根本不可能达到个体事物本身以及由个体事物组成的实在世界。第二个问题是，当我们在使用“属相＋种差”的公式给事物或实体下定义时，我们得到的只是第三个概念（普遍概念或逻辑范畴）而不是第三件事物，从而我们的下定义活动便始终滞留在现实世界的彼岸，始终停留在抽象概念的理智王国。这样的历史教训是必须牢牢汲取的。

由此看来，究竟如何看待和处理“存在者”和“本质”不是一个普通的哲学问题或形而上学问题，而是一个取消还是坚持哲学或形而上学的问题。海德格尔在《形而上学导论》中曾经强调指出：“究竟为什么存在者存在而无反倒不存在（Warum ist überhaupt Sciendes und nicht vielmehr Nichts）？这是问题所在。这问题恐怕不是个普普通通的问题。‘究竟为什么存在者存在而无反倒不存在？’显然这是所有问题中的首要问题（die erste aller Fragen）。”[51]然而，为要对“为什么存在者存在”“进入发问状态”，我们就必须面向“自然”，面向存在者本身，把存在者和本质作为实存概念。惟其如此，才能逐步达到形而上学本身，达到形而上学深处。而不能像古希腊哲学家那样，把存在者和本质当作一种抽象概念和逻辑范畴，极力逃避“自然”和存在者本身，躲进那脱离“自然”、脱离存在者本身的概念王国，其结果只能够像巴门尼德和柏拉图那样，南其辕而北其辙，使哲学或形而上学堕落成了一种概念辩证法或逻辑学。从实存论的立场考察存在者及其本质不仅是阿奎那形而上学的基本出发点，而且也是他的形而上学的基本立场。

二、面向存在者本身：事实存在 VS 逻辑存在

英国讽刺大师斯威夫特(1667—1745)在其代表作《格利佛游记》中写了一个游历拉普特飞岛的插曲。拉普特(Laputa)飞岛被说成是一个“飘浮在空中的岛(an ialand that floats in the air)”。当格利佛游历该岛的时候，岛上出了一件丑闻。该岛国首相的妻子尽管受到千方百计的管束，却还是私奔到下面的大陆上，与一个经常酗酒并且打她的老男仆搅在一起。其原因在于该岛上的人只研究那些“最抽象”、“离普通尘世的需要最远”的东西。[52]鉴此，《非理性的人》一书的作者威廉·巴雷特正确地称作“纯粹柏拉图信徒的王国(the kingdom of the pure Platonists)”，[53]从而赋予该故事以西方哲学发展史的意义：从公元10世纪开始，西方哲学便开始了“逃离拉普特飞岛”的历史征程。而托马斯也就借着他的《论存在者与本质》而成为真正逃离“拉普特飞岛”的第一批西方哲学家。

然而，按照托马斯的理解，为要逃离“拉普特飞岛”，就必须挣脱西方传统哲学家加在人们身上的由抽象概念之丝线拧成的“绳索”。但是，如上所述，传统哲学家加在人们身上的绳索主要有两条，即“存在者”和“本质”。这就要求托马斯做出抉择：是先挣脱“存在者”这条绳索呢？还是先挣脱“本质”这条绳索呢？托马斯选择了首先挣脱“存在者”绳索这样一种方案。他写道：“既然我们应当由复合事物领悟单纯事物的知识，由经验的事物认识先验的事

物，则我们在学习时从比较容易的东西起步就是恰当的了。因此之故，我们将从解说存在者(entis)的含义起步，然后进展到解说本质的含义。”[54]由此看来，托马斯之所以要做出从解说“存在者”的含义起步，开始他的“逃离拉普特飞岛”之旅，而其着眼的则主要是他的认识论上的理由。托马斯给出的第一个理由是我们的认识应当遵循从“复合事物”到“单纯事物”的路线。亚里士多德曾经说过：“对我们来说明白易知的，首先是一些未经分析的整体事物(ta sugkekhumena)。而它们的元素和原则，则是在从这些整体事物里把它们分析出来以后才为人们所认识的。因此，我们应当从具体的整体事物进到它的构成要素。因为为感觉所易知的是整体事物。这里把整体事物之所以说成一个整体，是因为它内部有多样性，有它的许多构成部分。”[55]这就是说，我们首先认识到的是由各种元素和原则组成一个“整体”的“未经分析”的“复合事物”，尔后才通过分析去认识那构成复合事物的“单纯事物”，即构成那复合事物的各种元素和原则。诚然，元素和原则就本性而言是先于它们构成其部分的复合物的，但它们却是在复合物之后被认识到的。[56]就我们当前讨论的存在者和本质而言，存在者(ens)显然是一个由本质(essentia)与存在(esse)这两项原则复合而成的东西，本质作为存在者的一个构成因素，相对而言，它是一种比较单纯的东西，其概念只有在我们认识到了一个存在者的意义之后才有可能抽象出来。由此看来，我们的确是应当从考察存在者入手而不是从考察本质入手来开始形而上学的阐释的。托马斯给出的第二个理由是我们的认识应当遵循从“经验事物”到“先验事物”的路线。在西方传统哲学中，长期占主导地位的是柏拉图所代表的认识论路线。柏拉图主张回忆说和天赋观念论，强调理性知识“不是由影响理智的感性事物产生出来的，而是由理智所分有的独立的可理解的形式产生出来的”。[57]他认为感觉的功能仅仅在于“唤醒理智进行理解活动”，而且即使感觉本身也“不受感性事物的影响”，感性知识也“不完全是从感性事物产生出来的”。[58]阿奎那反对柏拉图的回忆说和天赋观念论，强调我们只有首先认识“经验事物”，尔后才能达到“先验事物”。针对柏拉图的回忆说和天赋观念论，托马斯重申和发挥了亚里士多德关于我们的知识始自感觉的观点，一方面他追随亚里士多德，倡导灵魂“白板说”，强调我们的理智既不同于上帝的理智，也不同于天使的理智，其“最初一如哲学家在《论灵魂》第3卷中所说，‘就像一块上面什么都没有写的空白的板子(tabula rasa)’”；[59]另一方面，他又主张我们的理性知识来自对“感觉印象”或“心像”的抽象。针对柏拉图的抽象主义和逻辑主义认识论观点，托马斯强调说：“我们必须说：我们的理智是藉心像的抽象(abstrahendo a phantasmatibus)来理解物质事物的，而且，我们是藉受到这样考察的物质事物来获得关于非物质事物的一些认识的；相反，天使却是藉非物质事物来认识物质事物的。但是，柏拉图，仅仅看重人类理智的非物质性，而不顾它在一定程度上是同身体结合在一起的这样一个事实，从而坚持认为：理智的对象是独立的理念，从而，我们不是藉抽象，而是藉分有抽象的事物(abstracta participando)来理解的。”[60]这样，既然感觉经验所直接接触到的只能是这样那样的“特殊存在者”，既然我们对事物的包括本质在内的任何更进一步的认识都必须始自对存在者的感性认识，则我们首先考察“存在者”而不是首先考察“本质”便是一件在所难免的事情了。

在具体考察"存在者"时,托马斯首先从救偏补弊的立场对存在者的意义做了甄别。在讨论存在者的意义时,托马斯首先提到了亚里士多德的存在观。按照亚里士多德的观点,对存在者(ens)本身可以用"两种方式(dupliciter)"加以解说。一是将存在者"区分为十个范畴(dividitur per decem genera)",一是用存在者来意指"命题的真实性(propositionum veritatem)"。关于言说存在者的第一种方式,亚里士多德在《形而上学》第5卷中曾经表述如下:"就自身而言的存在者的意义如范畴所表示的那样,范畴表示多少种,存在者就有多少种意义。"[61]亚里士多德曾经将范畴区分为十个,它们是:实体,数量,性质,关系,地点(位置),时间,姿态,状况(所有),活动(主动)与承受(被动)。[62]存在者因此也就被区分为十种。亚里士多德解释说:"在各种范畴的表述之中,有的表示是什么,有的表示质,有的表示量,有的表示关系,有的表示活动与遭受,有的表示地点,有的表示时间,每一范畴都表示一种与之相同的存在者。"[63]托马斯所说存在者"区分为十个范畴",即是谓此。关于言说存在者的第二种方式,亚里士多德在《形而上学》第5卷中具体表述如下:"存在者表示真实,不存在者表示不真实,而是虚假。肯定和否定也是这样,例如,苏格拉底'是'文雅的,这话真实,或者说,苏格拉底'是'不白净的,同样真实。但如果说一个正方形的对角线'不是'可以用它的边来计量的,在这里'不是'即表示虚假。"[64]不难看出,亚里士多德用以言说存在者的上述观点是以他的意义理论为基础的。亚里士多德认为,一个词的意义既可以指示思想之外的对象(实在),也可以指示思想之中的对象(观念);相应地也就存在有两种真和两种存在者:事实之真和事实存在者(实在)以及命题之真和逻辑存在者(观念)。据说亚里士多德曾说过“吾爱吾师,吾更爱真理”这样一句格言。我们将这句格言套用到托马斯身上也是十分贴切的。我们知道,托马斯最为推崇的哲学家便是亚里士多德,在他眼里,亚里士多德即是哲学的化身。但是托马斯却并没有因此而处处盲从亚里士多德。在托马斯看来,亚里士多德将他的存在理论完全奠放在其逻辑学上的做法是成问题的。因为命题之真与事实之真并不是一回事,单纯的逻辑存在者与事实存在者也不是一回事。托马斯并不完全排除命题之真和逻辑存在,而是主张用因果关系来解释和处理事实之真和事实存在以及命题之真和逻辑存在。他强调说:“现在,应该知道,存在的第二种意义与其第一种意义像是结果与其原因的关系。因为我们是从某物存在于实在界而得出结论说命题的真假的,并且我们的理智也是藉着系动词‘是’来表示它的。但是,由于我们的理智将本身是非存在的东西视为一种存在,譬如像否定等等,所以有时候存在有在第二种方式下作为某物之谓词,而非在第一种方式下。因为盲在第二种方式下称为存在者,理由是‘某物之称为盲的’这个命题为真。然而,在第一种方式下,它则不能被称为真的,因为盲在实在界没有存在,它是某种存在的缺乏。”[65]托马斯也并没有因此而将“缺乏”归于非存在。他后来在《神学大全》中谈到恶时,曾经说道:“恶既不同于绝对的存在(ente simpliciter),也不同于绝对的非存在(non ente simpliciter)。因为它既不是恒久的持存(habitus),也不是纯粹的否定(pura negatio),而是一种缺乏(privatio)。”[66]然而,即使在这句话中,托马斯强调的依然是“缺乏”对于事实存在的参照性和依存性。因为他曾经说过，恶之为恶正在于“一件事物在善的方面的缺乏(deficiate a bono)”。[67]由此看来，与亚里士多德肯认逻辑存在及其与事实存在的并存不同，托马斯强调的是逻辑存在与事实存在的区别，强调的是事实存在或实际存在。正因为如此，托马斯在罗列了亚里士多德的两种存在之后紧接着便说道：“这样两种方式之间的区别在于：按照第二种方式，任何事物，凡是能够对之形成一个肯定命题的，就可以被称作存在者，即使那命题并没有肯定什么东西实际存在，亦复如此。这样一来，缺乏(privationes)和否定(negationes)也就可以算作存在者了。因此，我们可以说‘肯定是与否定相对立的’以及‘盲是存在于眼中的’。但是，按照第一种方式，则没有什么能够说成是存在者，除非能够指出有什么事物实际上存在。这样一来，盲以及诸如此类的东西就不再能够说成是存在者了。”[68]

托马斯强调事实存在或实际存在还有一层理由，这就是：只有在事实存在或实际存在中才有本质可言，在纯粹逻辑存在中是根本没有本质可言的。说纯粹逻辑存在中没有本质可言，这一点从指示“否定”和“缺乏”的命题看，是非常清楚的。因为如前所述，所谓本质不是别的，就是“是什么”或“其所是”，而指示“否定”和“缺乏”的命题告诉我们的却是“不是什么”、“其所不是”、“没有什么”或“其所没有”。事实存在或实际存在则不同，它作为事实存在或实际存在的事物就不仅必定是“这一个”(存在)，而且必定同时也有一个“是什么”。因为它本身就是一个“什么”。托马斯由此得出结论说：“‘本质’这个词是由言说存在者的第一种方式产生出来的。”[69]阿维洛伊(Averroe,1126—1198)在评论亚里士多德关于解说存在者的两种方式的说法时,曾强调指出:“只有按照第一种方式解说的存在者才可以说是内蕴有一件事物本质的东西。”[70]托马斯无保留地赞同他的这一立场。事实存在或实际存在对于托马斯的形而上学来说实在是第一重要的东西,因为一旦我们直接面对这样的存在者,我们就可以由此出发去追问存在者之本质以及存在者何以存在等形而上学问题。伟大的古希腊科学家阿基米得(约公元前287—前212)曾经豪迈地说:“给我一个支点和一根足够长的杠杆,我就能撬动整个地球。”在一定意义上,我们不妨将事实存在或实际存在看作托马斯形而上学的阿基米得点和阿基米得杠杆。凭借这样一个支点和杠杆,托马斯完全有理由同样信心百倍地说:“凭借事实存在这个支点和杠杆,我就能颠覆整个传统形而上学!”

在《论存在者与本质》中,托马斯一完成对纯粹逻辑存在的清理、对存在者身份的甄别以及对事实存在者或实际存在者的确认,便立即进入对各类事实存在或事实存在者的具体考察之中。不过,为了合理地安排考察的顺序,托马斯还是先行地对作为事实存在的存在者作出了类型学分析。托马斯从两个层面展开这项工作。首先,托马斯从范畴归类的角度对作为事实存在者的范畴作出区分,将十个范畴区分为两类,这就是实体和偶性。由于托马斯对作为事实存在者的区分都是以这一区分为基础和前提的,我们可以将其称作“一级区分”或“初级区分”。为直观计,我们不妨将其图示如下:

存在者{实体
偶性}

我们之所以将这一区分称作一级区分或初级区分,不仅是因为这样一种区分是其他区分的基础和前提,而且还因为这样一种区分是直接基于亚里士多德的范畴表的。如前所述,亚里士多德曾经将表述内容最概括的谓词,即范畴,区分为十种。这就是:实体,数量,性质,关系,地点(位置),时间,姿态,状况(所有),活动(主动)与承受(被动)。这十种范畴虽然同属于表述内容最概括的谓词,同属于最高的属相,但它们所表述的内容却是有区别的。其中“实体”所表述的是“所是的东西”,是“存在者本身”,而其他九个范畴所表述的则是“归属于”“所是的东西”的东西,亦即归属于实体的东西或附属于存在者本身的东西。托马斯据此将这九个范畴所表述的内容统统称作偶性,并且在此基础上将作为事实存在的存在者二分为“实体”和“偶性”。关于实体和偶性,还有两点需要加以说明。一是托马斯的实体概念与亚里士多德的有所不同。我们知道,亚里士多德把属相和种相也视为“实体”,称之为“第二实体”。他曾明确地说道:“实体在最真实、最原初和最确切的意义上说,是既不表述,也不实存于一个主体的东西,例如,个别的人或马。在第二性意义上所说的实体,指的是涵盖第一实体的种相,以及涵盖种相的属相。例如,个别的人被涵盖于‘人’这个种相之中,而‘人’又被‘动物’这个属相所涵盖,因此,‘人’和‘动物’被称作第二实体。”[71]而在托马斯这里,他的作为事实存在的存在者的实体则仅仅意指亚里士多德的“第一实体”。其次是偶性的实存论地位问题。实体在希腊文中有时用 ousia 来表示,有时用 hypostasis 来表示,但在这两种情况下,都内蕴有“在……之下”的意思。在拉丁文中用来表示实体的词为 substantia,其基本意思也是“在……之下”。然而,凡是充当基质的东西,凡是“在……之下”的东西,都对应于“在……之上”的东西,都对应于偶性。从这个意义上,实体是不可能脱离偶性而存在的。一件红色的衣服是衣服,一件白色的衣服也是衣服,那种既不是红色、也不是白色并且根本不具有任何颜色的衣服则是不存在的。但是,偶性与实体毕竟不同。“实体是一种通过自身而存在的一种存在。”[72]而偶性则必须通过他物亦即通过实体,通过作为事实存在的存在者本身才能够有其现实的存在。白色要么借助于衣服而存在,要么借助于人而存在,要么借助于雪而存在,离开了实体即作为事实存在的存在者,它就不可能有任何现实的存在,它就不可能成为存在者。正是在这个意义上,托马斯强调说:“‘存在者’这个词是绝对地和首先用来言说实体的,是随后并且是在次要的意义上用来言说偶性的。”[73]也正因为如此,托马斯在对存在者的考察中,不仅首先而且着重地考察实体,而在具体地考察过实体之后才对偶性问题作出扼要的说明。

在将作为事实存在的存在者区分为实体和偶性之后,托马斯对实体作出了进一步的区分。这就是将存在者本身或实体区分为自然实体、独立实体和上帝。我们可以图示如下:

存在者-实体 {自然实体
独立实体
上帝}

自然实体也就是物质实体,如一块石头、一匹马、一个人等都属于自然实体。托马斯所谓独立实体意指的是那些没有物质质料的实体,主要是天使之类的灵智实体。从“存在者”这个词是“绝对地和首先”用来言说实体的意义上讲,上帝这个存在者也可以说是一个实体。不过,托马斯有时为了强调上帝与物质实体和一般独立实体(天使)的区别,反对将上帝说成是实体。例如,托马斯在《反异教大全》中就非常明确地说过:“实体的定义不适合于上帝”,“上帝绝不可能存在于实体这个属相之中”。[74] 另外,我们也可以据此将作为事实存在的存在者本身的实体区分为两类,即物质实体和精神实体,其中自然实体为物质实体,而独立实体和上帝则属于精神实体。

托马斯关于实体的上述区分不仅具有本体论的意蕴,而且也具有认识论的意蕴。首先,从认识论的角度看,我们最初认识的是自然实体,其次是独立实体,最后是上帝。我们的理智不可能直接认识到上帝也不可能认识到上帝的本质,而只能通过对自然实体的认识而逐步过渡到对上帝的某种认识。《论存在者与本质》就是依照这样的认识秩序先考察自然实体,再考察独立实体,最后才论及上帝。这样一种安排显然是符合托马斯在“引言”中所说的从“经验事物”达到“先验事物”这样一种认识秩序的。毕竟,我们凭借感官直接经验到的是而且也只能是自然物体或物质实体。其次,这样一种安排显然也是符合托马斯在“引言”中所说的从“复合事物”达到“单纯事物”这样一种认识秩序的。什么是复合事物?什么是单纯事物?在讨论实体的情况下,也就是“复合实体”和“单纯实体”。在这里,“复合”和“单纯”是相对而言的。给出的参照系统不同,“复合”与“单纯”的内容也会不同。在托马斯的形而上学里,这样的参照系统主要有两个。一是以作为事实存在的存在者总体结构为参照系统。依据这样的参照系统，我们可以说，自然实体和独立实体为复合实体，因为它们都是由存在（这一个）和本质（其所是）组合而成的。唯有上帝是单纯实体，因为在上帝身上，其本质和其存在完全是一回事。再一个是以实体的本质结构为参照系统。依据这样的参照系统，我们可以说自然实体为复合实体，独立实体和上帝为单纯实体。因为自然实体的本质是由其质料和其形式组合而成的，而独立实体的本质不是别的即是它的形式。在上帝身上，既没有任何质料，也没有任何形式，也没有任何偶性，因此上帝是所有存在者中最单纯的。为了表达上帝的这样一种单纯性，托马斯常常使用“第一单纯实体（substantia prima simplex）”来指称上帝。[75]这样，整个作为事实存在的存在者依照升幂秩序排列起来便是：自然实体→独立实体→上帝。其中自然实体的构件为“存在＋本质（质料＋形式）”。独立实体的构件为“存在＋本质（形式）”。上帝本身即为“存在”或“本质”。自然实体、独立实体与上帝之间的关系，如果用减法来表示，我们可以说：自然实体－质料＝独立实体；独立实体－形式＝上帝。这样一来，我们就可以得出下述等式：自然实体－质料－形式＝上帝或上帝＝自然实体－质料－形式。如果用加法来表示，我们则可以说：上帝＋形式＝独立实体；独立实体＋质料＝自然实体。这样一来，我们便又可以得出下述等式：上帝＋形式＋质料＝自然实体或自然实体＝上帝＋形式＋质料。这样一种处置方式的优点在于简明扼要、一目了然，缺点则在于将本体论问题数学化、逻辑化和平面化，从而抹杀了这些构件本身在各存在者中的特殊内涵，例如，抹杀了作为上帝本身的存在与作为独立实体和自然实体构件的存在之间的本质区别。

托马斯讲“单纯实体是复合实体的原因”。[76]从而，作为上帝本身的存在和本质就与作为独立实体和自然实体构件的存在和本质就不是一个层面的东西，而是一种具有因果关系的东西，一种使后者得以存在和得以实现出来的东西。但是，无论如何，就昭示自然实体、独立实体和上帝之间的结构的差异而言还是有其方便和可取之处的。

至此，我们不妨将托马斯关于作为事实存在的存在者的类型学分析综述如下：

倘若我们从托马斯关于作为事实存在的存在者的类型学分析的角度和高度来审视托马斯对《论存在者与本质》的谋篇布局，我们对《论存在者与本质》的整体框架结构就不难理解了。因为既然作为事实存在的存在者首先是用来言说实体的，是随后并且在次要的意义上用来言说偶性的。托马斯在后面的篇幅里首先讨论实体，尔后再讨论偶性就是一件再自然不过的事情了。既然实体区分为自然实体、独立实体和上帝，则托马斯在后来的篇幅中首先讨论自然实体，尔后再讨论独立实体和上帝也同样是一件再自然不过的事情了。《论存在者与本质》后面各章也正是依据这样的形而上学立场作出安排的。于是，我们看到，托马斯首先在第二、三章里着重讨论了自然实体或复合实体，接着在第四、五章里着重讨论了独立实体或精神实体，在第六章里着重讨论了偶性问题,最后在结论中,万流归宗,回到了作为自然实体和独立实体以及偶性其存在得以存在、其本质得以实现出来的第一因,即作为存在本身的上帝。这样一种框架结构显然与托马斯的作为事实存在的存在者的类型学分析是相互呼应的,甚至可以说是一一对应的。

三、本质的发现:本质的实存性、特殊性与构成

既然托马斯把存在者和本质规定为形而上学研究的出发点,既然他已经对存在者做了上述考察,那么,接下来着重考察作为存在者构成原则之一的本质就是一件非常自然的事情了。

托马斯的本质学说主要涵盖三个方面的内容:一是本质的实存性,二是本质的构成,三是本质的特殊性。本质的实存性是托马斯本质学说的首要问题。如前所述,本质问题一直是古代希腊哲学中的一个根本问题。柏拉图的理念论或辩证法以及亚里士多德的第一哲学实质上都是一种关于本质的学说。但无论是柏拉图还是亚里士多德都把本质理解为一种抽象概念或逻辑范畴,理解为一种逻辑存在。柏拉图把本质理解成 eidos(理念)。而理念则是为"心灵的眼睛所看到的东西",总是存在于"理智"之中的东西,存在于"天外"的东西。[77] 亚里士多德则把本质理解成 ti estin("其所是"或"是什么")。他不仅将其所是或是什么界定成由属相和种差构成的定义所表达的普遍的类概念,界定成一种逻辑命题,而且还进而宣称这样一种本质不仅与实体亦即"所是的东西"相当,而且

还与“这一个”相当。托马斯明确地反对古希腊哲学家将本质理解成一种逻辑存在的做法，主张并强调本质的实存性。在托马斯看来，本质总是作为事实存在的存在者的本质，从而只可能与作为事实存在的存在者相关，只能是一种实存性的东西，而根本不可能与逻辑存在直接相关，根本不可能是一种纯粹逻辑性的东西。在《论存在者与本质》里，托马斯是从作为事实存在的存在者与作为逻辑存在的存在者的对照中，在言说两种存在者的对照中展开其关于本质的实存性的讨论的。托马斯说道：“‘本质’这个词不是由言说存在者的第二种方式（secundo modo）产生出来的。……毋宁说，‘本质’这个词是由言说存在者的第一种方式产生出来的。”因此，评注家在亚里士多德解说存在者的两种方式的地方评论说：“只有按照第一种方式解说的存在者才可以说是内蕴有一件事物本质的东西。”[78]而且，既然如上所述，[79]按照这种方式所言说的存在者可以区分为十个范畴，则所谓本质就应当意指那些为所有自然事物（omnibus naturis）所共有的东西，各种不同的存在者就是据此归属到各种不同的属相和种相之下的，如人性乃人的本质，如此等等。[80]在托马斯的这段话里，至少有下述几点值得注意。首先，是本质的实存性。本质总是作为事实存在的存在者的本质，而不可能是作为逻辑存在的存在者的东西。[81]其次，是本质的特殊性。本质总是特殊的，它总是某一作为事实存在的存在者所内蕴的特殊的规定性。[82]再次，是本质的普遍性的实质和基础问题。托马斯强调指出：“所谓本质应当意指那些为所有自然事物（omnibus naturis）所共有的东西。”这就明白无误地告诉我们，本质并非像柏拉图所说的那样是处于“天外”的东西，而恰恰是存在于“自然事物”之中的东西，是“自然事物”之中“所共有的东西”。最后，因此，与本质相关的“属相”和“种相”并非纯粹的逻辑范畴，它们本质上属于自然哲学范畴。各种不同的存在者之所以归属于各种不同的属相和种相，最根本的乃在于这些不同的存在者之间所存在的共同性或相似性。而所有这些说到底强调的都还是本质的实存性问题。

托马斯在对本质的实存性作出初步说明之后，便即刻进入对本质的构成的考察。托马斯对本质构成的考察是从“复合实体的本质”入手的。他之所以采取这样一种从“复合实体的本质”到“单纯实体的本质”的阐述路线，也主要是从认识的难易程度着眼的。如上所述，在托马斯看来，实体有“复合”与“单纯”之分。但无论是复合实体还是单纯实体都具有本质。其差别主要在于下述两个方面。一是本质存在方式的“卓越程度”不同。单纯实体的本质是以“更为真实、更为卓越的方式”存在于单纯实体之中的。这种情况是由单纯实体所具有的存在方式决定并且也是与其相适应的。用托马斯的话说就是：“由于单纯的实体是以更加卓越的方式具有存在的，本质也就以更为真实、更为卓越的方式（veriori et nobiliori modo）存在于它们之中。”[83]其次，是本质存在方式的“隐蔽程度”不同。相较于复合实体，单纯实体的本质对我们“更其隐蔽（magis occultae）而不易辨认”。[84]这主要是复合实体与单纯实体之间往往存在有一种因果关系使然。单纯实体及其本质，作为原因，作为二级本质，往往是潜藏在由其所产生的结果所组成的现象或一级本质背后的，而复合实体及其本质，作为单纯实体及其本质的结果则往往以现象或一级本质的面貌呈现给我们。而本质存在的卓越程度与本质存在的隐蔽程度往往是成正比,从而是相一致的:这就是说,本质存在方式的卓越程度越高,其隐蔽程度也就越高,从而也就越难加以辨认。既然从比较容易的事情起步,学习和研究起来就比较顺当一些,则我们对本质的考察自然就应当从复合实体起步。

关于复合实体的本质的构成,托马斯的说法非常简单,这就是复合实体的本质是由形式和质料复合而成的。而他给出的理据也同样简单,这就是复合实体是由形式和质料组合而成的。换言之,在托马斯看来,复合实体的本质的复合性是由复合实体本身的复合性决定或造成的。复合实体(substantiae compositae)其实也就是“自然实体(substantiae naturalis)”。托马斯在《论存在者与本质》里之所以更多地使用“复合实体”这个说法,其目的正在于突出或强调这类实体的结构的复合性,强调这类实体的标记(nota)在于它是由形式和质料两个元素组合而成的。托马斯举例说,我们可以说人是一个复合实体。因为一个人不仅有身体,而且还有灵魂。身体即是人的质料,而灵魂即是人的形式。无论离开了身体还是离开了灵魂,人就不再成其为人了。而他关于复合实体的本质的复合性正是由此推演出来的。他写道:“在复合实体中,有形式和质料的标记(nota),……既然如此,我们便不能够说单单形式和质料中的任何一方都可以称作复合实体的本质。”[85]

在《论存在者与本质》里,托马斯对复合实体的本质的复合性还做了更为详尽的论证。首先,托马斯指出:“单单一件事物的质料不能构成复合实体的本质”。[86]他给出的理由主要有两条。第一条是关于个体事物本身的认识的。“事物是藉着它的本质而成为可认知的”。[87]这是容易理解的。因为本质不是别的,正是所谓“是什么”或“其所是”。而认识一件事物不是别的,也正是去知道它之“是什么”或它之“所是”。而要达到这样一种认识,单靠认识质料显然是不行的。例如,我们认识一个人,单单知道“物质”概念,单单知道“碳水化合物”,甚至单单靠知道人的骨头和肉的成分都没有用。我们认识任何一件事物,都是如此,都不能单单靠“质料”概念。我们可以说,世界是物质的,物质是第一性的,是不以人的主观意志决定的。但我们却并不能因此而自吹自擂地宣布,我们已经认识了世界上的任何事物。因为果真如此,任何科学研究就都因此而没有必要了。所以,“质料构成不认识的原则”,[88]要认识一个事物就还需要认识事物的别的元素。第二条是关于个体事物的归属的。事物不仅是藉着它的本质而成为可认知的,而且也是“藉着它的本质被安排在它的种相或者属相之下的”。[89]例如,我们之所以把苏格拉底安排在“人”这个种相里面,乃是因为苏格拉底的本质中蕴涵着所有人的本质里面都蕴涵的东西,也就是说,苏格拉底的本质与柏拉图和亚里士多德的本质有一些共同的或类似的东西。但是,“一件事物之归属于它的属相或种相”并不是“由它的质料决定的”。[90]我们说苏格拉底是一个人,并不是因为苏格拉底身上有肉,有骨头,也不是因为苏格拉底有一米多高,更不是因为苏格拉底是由各种物质元素组合而成的。因为如果这样,很多动物乃至植物和矿物便都可以被说成是人了。当然,托马斯在进行这样一种论证时,他所说的质料并不是那种与形式结合在一起的质料,而是与形式相分离的质料,是一种原初质料或泛指质料,而不是那种与特定形式结合在一起的特指质料。关于这种质料，托马斯曾经借用亚里士多德的话，强调它“本身”，“亦即就其本质而言”，“既不是一特殊之物”，亦即不是一个实体，“也不是量，也不是区分或限定存在物的其他范畴”。[91]至于原初质料、泛指质料与特指质料的区别，我们后面还将作出说明。然而，这并不意味着“单单形式就能够说成是复合实体的本质”。在柏拉图哲学中，形式，作为理念，是被视为复合实体的本质的。在古代阿拉伯哲学中，也有人主张这种观点。例如，阿维洛伊主义者就曾说过，“一个种相的全部本质即是形式。例如，人的全部本质即是他的灵魂。因此他们说，事实上全体之形式（以‘人性’这个词所表示者）与部分之形式（以‘灵魂’这个词所表示者）是相同的，它们只是在定义方面不同。因为，部分之形式之所以如此称呼，因为它完成质料，并使其成为现实的，而全体之形式之所以如此称呼，是因为由它构成的全体被置于它的种相之中。这样，表示种相的定义中便不包括质料部分，而只包括种相的形式原理。”[92]然而，根据亚里士多德的谓词理论，本质由定义来表示，而定义则等于属相加种差，如是，则“一件事物的本质”因此“显然就只是该事物的定义所意指的东西了”。[93]然而，倘若一件事物的本质只是该事物的定义所意指的东西，只是由逻辑范畴所构成的东西，则作为事实存在的存在者与作为逻辑存在的存在者之间的界限也就因此而模糊甚至被取消了。托马斯承认，形式之构成实体的本质的事情不是不可能发生的。例如，非自然实体（如数理实体）的本质就不包含质料。自然实体与非自然实体的区别恰恰就在这里。托马斯据此用归谬法驳斥了柏拉图和阿维洛伊的这种本质观。他写道：“自然实体的定义不仅蕴涵有形式，而且还蕴涵有质料；否则，自然实体的定义与数学定义就会毫无二致。”[94]既然如上所述，复合实体的本质既不可能单单是质料，也不可能单单是形式，则我们便不能不得出结论说：“所谓本质，在复合实体的情况下，无非意指由质料与形式复合而成的东西。”[95]

托马斯不仅对复合实体本质的复合性做了上述论证，而且还援引西方哲学史和阿拉伯哲学史上有影响的哲学家的观点对这一观点进行佐证。托马斯断言，波爱修就说过类似的话。因为他在《范畴篇》的评注中曾经指出：本质（ousia）意指一复合而成的东西（*compositarum*）。[96]尽管有人认为波爱修的著作中并没有这样的原话，[97]但是，波爱修在评注亚里士多德的《范畴篇》时，确实说过下面这句话：种相和属相这些共相，作为本质，“虽然当作无形的和普遍的东西来理解，但是它们却潜存于可感知的事物中”，[98]而既然它们存在于由质料与形式组合而成的可感知的事物之中，则本质也就不可能完全脱离质料而存在。这其中也就蕴涵了复合实体的本质由质料与形式组合而成的可能性，从而对托马斯的观点构成支持。如果说波爱修的说法作为托马斯观点的佐证有些勉强的话，阿维森纳的说法则无疑是对托马斯观点的有力支撑。因为阿维森纳在其著作《形而上学》中明明白白地说过“复合实体的实质不外乎形式与质料的合成本身”的话。[99]托马斯完全赞成波爱修和阿维森纳的观点，声称他们的说法是合乎理性的。值得注意的是，托马斯在对波爱修和阿维森纳的认同和辩护中，对本质的内涵作出了创造性的解释。从构词法和词源学的立场看问题，意为“本质”的拉丁词 essentia 源于不定式 esse（“去存在”）。这就意味着本质这个词不仅具有名词的性质和功能，而且还具有动词的性质和功能，从而它就不可能像在巴门尼德和柏拉图那里一样，只是一个抽象概念或逻辑范畴，而是一种使存在者得以存在或成为现实的东西。而在复合实体的情况下，复合实体的本质之使由质料与形式组合而成的复合实体存在或成为现实也就意味着它不仅要使作为复合实体构成要素的形式存在或成为现实而且还要使作为复合实体构成要素的质料存在或成为现实，从而依据“同类产生同类”的原则，它本身也就必须同时既具有形式又具有本质并且为形式与质料的复合体。也正是在这个意义上，托马斯写道：“复合实体的存在既不单单是形式，也不单单是质料，而毋宁说是它们两者的合体。所谓本质也就是事物藉以被说成存在(esse)的东西。[100]因此，本质这种一件事物藉以被称作存在者的东西，便既不应当单单是形式，也不应当单单是质料，而应当是它们两者。”[101]托马斯还从一些复合事物的命名来解说复合实体本质的复合性，即复合实体的名称不仅源自它的形式，而且还源自它的质料。他写道：“在由多项原则构成的别的类型的事物中，我们也看到这类事物并不只是由这些原则中的这项原则或那项原则命名的，而毋宁是取自这两者的。”[102]他以味觉为例予以解说。甜味虽然与我们舌面的味蕾或口腔的“发热活动”相关，离开了舌面的味蕾和口腔的发热活动，也就无所谓甜味，但是，我们说某个事物是甜的肯定同时还与我们称之为甜的事物有关。因此，甜味之所以产生，乃是因为我们舌面的味蕾或口腔的发热活动与我们称之为甜的事物复合而成的，用托马斯的话说就是，一件事物的甜的味道是“整合了热气与湿性东西二者的”。[103]托马斯所说的这些话其实涉及西方哲学史所说的“第二性质”。早在古代希腊，一些哲学家便开始思考声、色、味、香这样一些感觉观念的起源了。智者普罗塔哥拉(约公元前481—前411)曾从“人是万物的尺度”的角度,将这些感觉观念归结为人的感觉。而唯物主义哲学家德谟克利特(约公元前460—前370)则在坚持“约定论”的同时又肯定了感觉事物的“流射”作用,从而也就肯定了“原子”及其运动在我们形成声色味香这些感觉观念中的终极作用。从这个意义上讲,托马斯的上述说法与德谟克利特的观点显然是一脉相承的。

在对复合实体本质的复合性作出上述论证的基础上,托马斯着力论证了复合实体的本质的特殊性。这也是托马斯形而上学中最富颠覆性品格的内容之一。众所周知,在古希腊哲学中,普遍性乃本质的基本规定性。在柏拉图那里,意为本质的理念的根本特征即在于普遍性,他的通种论其实即是关于普遍理念的辩证法。而善的理念之所以是其理念论体系中的最高理念,正在于它具有最高的普遍性。这种情况即使在亚里士多德那里,也没有什么显著改变。诚然,亚里士多德确实也曾强调过物质实体的实体性和个体性,但是,他却并未因此而肯认作为物质实体的本质的形式的个体性;相反,他所强调的却是作为物质实体的本质的形式的普遍性。他曾经举例说:生父与嫡子虽然并非“同一个物体”,但是,他们的“形式”(品种)却“相同”。他还用加利亚和苏格拉底的例子加以说明:“如此这般的一个形式体现于这些肌肉与骨骼之中,当我们已经得有此综合实体,这就是加利亚或苏格拉底;他们因物质各别亦遂各成为一‘这个’,但其形式却相同;他们的形式是不可区分的。”〔104〕与亚里士多德不同,阿奎那始终强调的是本质的特殊性或个体性。〔105〕在阿奎那看来,不仅上帝的本质是特殊的,受造的精神实体的本质是特殊的，而且受造的物质实体的本质也同样是特殊的。在阿奎那的本质学说里，物质实体的本质的特殊性是同它的本质的合成性密切相关的。这是因为既然物质实体的本质不仅仅是形式，而是由形式与质料复合而成的东西，既然物质实体的"个体化原则"(individuationis principium)为质料，则"自身同时蕴涵有质料和形式的本质就只能是特殊的(tantum particularis)，而不可能是普遍的(non universalis)。"[106]阿奎那的本质特殊说内蕴着两个基本概念，这就是"特指质料"和"个体化形式"。这也是非常自然的。既然物质实体的本质是由质料和形式复合而成的，则它的本质的特殊性也就势必同质料与形式两个方面直接相关，否则，物质实体的本质的复合性也就无从谈起了。

首先，"特指质料"对于阿奎那的本质特殊说是非常必要的。如上所述，阿奎那是把质料视为物质实体的本质的特殊性的一项根本理据的。既然如此，他也就在事实上向人们提出了质料何以能够具有如此功能的问题。我们固然可以用阿奎那所说的质料是物质实体"个体化原则"的话来回答这一问题，但是，人们依然会追问：质料在什么情况下才能够成为物质实体的"个体化原则"呢？然而，为要回答这一问题，我们就必须进展到阿奎那的"特指质料"概念。按照阿奎那的理解，人的本质与苏格拉底的本质是不同的。它们之间的差异究竟何在呢？就质料方面而言，这就是特指质料与泛指质料的不同。诚然，在共同关乎到苏格拉底和加利亚的人的定义中也涉及骨头和肌肉，但是，这里所涉及的并不是这根骨头和这块肌肉，因为倘若如此，这样界定的人的定义如果适合于苏格拉底的话，就一定不会适合于加利亚了。因此，人的定义所关涉的就只能是那种“绝对的骨和肉”(os et caro absolute),一种“非特指的质料”(materia non signata),或曰“泛指质料”。然而,苏格拉底的本质所关涉的,就绝不应当是“绝对的骨和肉”,因为倘若如此,这样界定的苏格拉底的本质,就一定也同时适合于加利亚了,从而也就不再仅仅是苏格拉底的本质,而成了苏格拉底和加利亚所共有的本质了。因此,苏格拉底的本质所关涉的就只能是“这根骨头和这块肌肉”(hoc os et haec caro),一种“特指质料”(materia signata)。[107]阿奎那在谈过所有这一切后强调指出:“很显然,人的本质与苏格拉底的本质,除去特指与泛指外,便没有什么不同。”[108]

与质料区分为“特指质料”和“泛指质料”相呼应,阿奎那也将形式区分为“整体的形式”和“部分的形式”以及“形式本身”和“个体化的形式”。所谓“整体的形式(forma totius)”,阿奎那所意指的是那种包含实体的形式和质料两者在内的整个本质的“形式”。而所谓“部分的形式(forma partis)”,阿奎那意指的则是那种作为物质实体本质的一个部分的形式。阿奎那在《论存在者与本质》中曾不止一次地用“人性”和“人”这两个术语的区别来解说“部分的形式”与“整体的形式”的区别。阿奎那曾经明确地指出:“人(homo)这个词是用来述说个体的。但是,人性(humanitas)这个词却是用来意指作为人的部分的人的本质的。因为在它的意涵中所内蕴的只是那属于人之所以为人的东西,而排除了一切指定性,从而也就不可能用来述说个体的人。”[109]这是因为当我们从“人性”的意义上讲“人是理性的动物”时,这里所说的“人”却不是在人是由身体和灵魂组合而成的意义上由“动物”和“理性”组合而成的。因为当我们说人是由身体和灵魂组合而成的时候,这里所说的是由身体和灵魂这两样东西组合而成了第三样东西。但是，当我们说人是由动物和理性组合而成的时候，却并不是在说人是由动物和理性这两样东西组合而成了“第三样东西（res tertia）”，而是在说人是由这两个概念组合而成了“第三个概念（intellectus tertius）”。[110]但是，既然“人性”这个概念是一个关乎人这一整个物种的概念，我们也不能说它同个体的人一点关系也没有，故而在一个极其宽泛的意义上我们也还是可以把它说成作为个体的人的一种本质或形式。但是，既然它完全无关乎物质实体的特指质料，从而在严格的意义上它就根本不可能用来直接表达作为个体的物质实体的人的本质，充其量只能算作是一种“部分的形式”或“部分的本质”。与此不同，“整体的形式”既然不仅包含形式而且包含质料，则它也就因此而能述说个体了。

但是，阿奎那一方面讲“整体的形式”和“部分的形式”，另一方面又讲“整体的形式”是由形式和质料组合而成的东西，那么，这种与质料结合在一起的形式的根本特征何在呢？它与“部分的形式”又有什么样的区别呢？对于这些问题，阿奎那在《论存在者与本质》一文中虽然也有所涉及，也曾经把灵魂宣布为“人的身体的三个维度得以标示的形式”，[111]但是却未曾给予更充分的说明。然而，回答这些问题的必要性还是把阿奎那引向了更深入的思考，终于在《神学大全》中作出了“形式本身”与“个体化形式”的区分。在《神学大全》中阿奎那明确地提出和讨论了“个体化形式”或“形式的个体化”（formae individuantur）问题。按照阿奎那的解释，无论在精神实体中还是在物质实体中都有一个“个体化形式”的问题，区别仅仅在于：在精神实体（如天使）中，形式的个体化不是由于质料而是“藉其自身而个体化的”(ipsae formae per se individuantur);相反,在物质实体中,形式的个体化则是由于“质料”的缘故。因此,在精神实体中,“形式本身”与“个体化形式”就是一回事;相反,在物质实体中,“形式本身”就区别于“个体化形式”。[112] 因为在物质实体中,“形式本身”无非是物质实体的作为“物种原则”的“公共形式”(forma communi),属于该个体事物的“实质”或“本性”的范畴,但是,一旦这种公共形式由于与质料结合的缘故而被个体化,则这种“个体化了的形式”就因此而转化成了该个体事物的特殊本质。[113]

这样,我们就终于见到了托马斯复合实体本质复合性之谜的谜底:当我们说复合实体的本质是由质料与形式复合而成的时候,我们并不是仅仅在说复合实体的本质有两个要素即质料和形式,而是在说,复合实体的本质不仅从静力学的角度看是由质料和形式复合而成的,而且还进一步从动力学的角度看,把它看成质料与形式的交互作用及其结果即特指质料和个体化形式复合而成的东西。这就把复合实体的本质的特殊性淋漓尽致地表达出来了:一方面,托马斯在这里所说的质料既不是“原初质料”,也不是“泛指质料”,而是“特指质料”;另一方面,托马斯在这里所说的形式既不是“形式本身”,也不是“部分形式”,而是“个体化形式”。[114] 用特指质料和个体化形式来界定复合实体的本质在西方哲学史上是一个空前的哲学事件,是对传统本质观的一种颠覆或一种根本性变革。[115]

托马斯复合实体的本质学说对传统本质观的颠覆不仅表现在对本质的实存性、复合性和特殊性的强调和论证上,而且还鲜明地表现在对传统种相概念和属相概念绝对地位的否定上。在古希腊哲学里，种相概念和属相概念一向是本质学说中的核心概念。如所周知，柏拉图的理念世界是由不同种类的理念组合而成的。我们不妨将这些不同种类的理念归并为以下6类：(1)自然物的理念，如石头、马和人的理念，这些是最低级的理念；(2)人造物的理念，即人工制品的理念，如桌子、椅子和床的理念，工匠就是以这些理念为模型制作“摹本”即可感觉的桌子、椅子和床的；(3)数学意义上的理念，如方、圆、三角形、大于、小于、等于等数学概念；(4)范畴意义上的理念，即所谓“最普遍的种”，如存在和非存在、动和静、同和异、有限和无限等范畴；(5)道德伦理价值和审美领域的理念，如美、勇敢、节制、正义的理念，凡道德伦理行为和可感的美的事物，都有其相应的同名理念；(6)善的理念。善不仅是个道德范畴，而且还是一个本体论和认识论范畴，是真善美的统一体；它高居于理念世界之巅，是所有理念中最高的理念，既是价值论、本体论上的最高理念，又是最高的认识对象，是一切知识和真理的源泉。而这些理念，作为本质，也就是各种不同类型的种相和属相。而根据亚里士多德的“四谓词说”，本质归根到底也是由种相和属相表示出来的。但在托马斯这里，种相和属相概念则失去了其作为本质核心内容的尊贵地位，而降落成“附随本质的偶性”。托马斯在谈到种相、属相和种差这些概念的地位时，曾经明确地说道：“种相概念毋宁是一种在那些由于其在理智中具有(quod habet in intellectu)存在而附随本质或本性生发出来的偶性(accidentibus)。属相或种差概念也是以这样的方式属于本质或本性的。”[116]托马斯的这样一种种相观在他那个时代无疑是空谷足音。

为了解说托马斯的种相观，我们就必须从他的抽象学说谈起。抽象问题长期以来一直是困扰着西方哲学家的认识论难题。柏拉图既然主张观念天赋论和回忆说，他就因此而根本回避了人的认知过程中的抽象问题。亚里士多德虽然正视了抽象问题，但由于其将人类理智抽象化终究未能很好地解决这一难题。此后的哲学家，如奥古斯丁和阿维森纳等，大多将能动理智及其活动外在化，借用超自然的精神力量来解释人类的抽象活动，从而归根到底回避了现实的人类理智的抽象问题。与此不同，阿奎那将人类认识的抽象问题纳入在人的现实的认知过程之中予以考察，努力在理性层面和哲学层面来解决人类抽象这一难题。阿奎那用以解决人类抽象难题的根本手段在于将人类的抽象活动过程化和层次化。阿奎那指出："有两种抽象活动。"[117]其中一种是"组合与分解"。凭借着这样一种抽象，我们能够理解一件事物不存在于某个别的事物之中。另外一种是"单纯化和绝对化"。例如，当我们理解一件事物而根本不考虑别的事物的时候，就是这样一种情况。与这两种抽象活动或抽象活动方式相对应的是想象活动（感觉抽象活动）和理智抽象活动。感觉，特别是想象，把有形事物的感性性质或可感形式与具体的可感质料区别开来，这就已经是抽象活动了。因为在这种情况下，我们考察的只是有形事物的某种感性性质或可感形式，而不是那个由可感形式和可感质料组合而成的有形事物了。例如，一个苹果的颜色总是与有颜色的苹果结合在一起的。当我们说这个苹果是红色的时候，我们关注的就只是这个苹果的红色而非具有这个红色的苹果了。倘若没有抽象活动显然是做不到这一步的。然而，感觉抽象或想象抽象毕竟是一种初级抽象。因为感觉抽象或想象抽象虽然能够将感觉性质或可感形式与具体的可感质料区分开来，但是却不能完全摆脱有形事物的感性形象。例如，当我们感觉或想象一个苹果的红色时，总不能完全摆脱苹果形状、大小等感性形象。也就是说，在感觉抽象或想象抽象中，我们所获取的尚只是有形事物的具有个体性和偶然性的可感形式。理智抽象的优越性正在于它能够完全排除有形事物的可感形式的诸如形状、大小的感性因素，达到完全无形的、普遍必然的形式，亦即纯粹形式的认识。例如，当我们借助理智抽象获得红之为红的颜色概念或人之为人的人性概念时，情况就是如此。阿奎那的两种抽象理论，通过对感觉抽象或想象抽象与理智抽象的区分和关联，一方面将我们的认识活动理解成一个从感觉到理智、从可感形式到可理解的形式、从被动理智（潜在理智）到能动理智（现实理智）的质变或飞跃的过程，另一方面又将其理解成一个从感觉到理智、从可感性形式到可理解的形式、从被动理智（潜在理智）到能动理智（现实理智）的具有连续性和渐进性的过程。

从这样一种抽象理论出发，我们就不仅能够发现种相概念或属相概念的真实起源，而且还能发现种相概念或属相概念的真正秘密。因为托马斯所说的“可理解的形式”，在他那个时代被称为“共相”，其实也就是我们现在讨论的种相概念或属相概念。既然如此，作为可理解的形式或共相的种相概念或属相概念的起源问题和真正秘密便都不难发现了。因为既然可理解的形式起源于可感觉的形式，起源于理智抽象和感觉抽象，则种相概念或属相概念便不可能像柏拉图所说的那样是我们的灵魂固有的，与生俱来的，而只能藉“对心像的抽象活动”获得。[118]然而，既然如上所说，复合实体的本质是由特指质料和个体化形式复合而成的，而复合实体的个体化形式又既非形式本身又非部分形式，则我们何以可能从中抽象出具有普遍性的可理解的形式或种相概念和属相概念呢？如果我们像柏拉图和亚里士多德那样，将种相概念和属相概念所具有的普遍性作绝对的理解，把它们视为存在于复合实体中的绝对的统一性和共同性，则这样的种相概念和属相概念便无论如何也是不可能从感觉抽象和理智抽象中获得的。因为既然凡是存在于复合实体中的形式都是被个体化了，则柏拉图等希腊哲学家赋予种相概念和属相概念的那样一种绝对普遍性、统一性和共同性便绝对不可能存在于复合实体之中，从而他们所说的那种具有绝对普遍性、统一性和共同性的种相概念或属相概念因此无论如何便只能是他们的理智杜撰的产物，只能存在于这些人的理智中或心灵中。然而，我们毕竟还是应当承认我们凭借抽象获得的种相概念或属相概念还是具有某种相对意义上的普遍性、统一性和共同性的。否则的话，我们便会陷入怀疑论，像高尔吉亚和皮浪那样，对任何事物都不能作出判断，对任何事物都无可言说了。那么，我们究竟应当如何来恰当地认识和评估我们所说的种相概念或属相概念所具有的普遍性呢？原来，我们所说的种相概念和属相概念所有的普遍性、统一性和共同性不是绝对的，而是相对的，它们只是复合实体所有的个体化形式之间的某种相似性。我们的抽象活动也正是凭借它们之间存在的相似性从可感觉的形式上升到可理解的形式，从而形成这样那样的种相概念或属相概念，而我们也正是凭借这样的相似性运用种相概念和属相概念来认识和判断同类复合实体的。如果说托马斯的种相概念和属相概念学说有什么奥秘的话，我们不妨将复合实体个体化形式之间的相似性以及由此产生的种相概念和属相概念的普遍性的相对性或相似性称作它们的奥秘。

托马斯不仅对种相概念和属相概念的意涵作出了崭新的规定，而且还据此用了相当大的篇幅对这样的种相概念和属相概念与本质的关系作出了说明。我们知道，作为共相的种相概念和属相概念乃中世纪经院哲学中的一个热点问题。在很长一段时间里，存在着唯名论和实在论的激烈争论。实在论(realismus)强调共相即种相和属相的实在性，主张种相和属相不但先于个体事物而存在，而且还是个体事物得以存在的理据和原因。这种立场与柏拉图的立场极为相似。与此相反，唯名论(nominalismus)则强调个体事物的实在性，而根本否认共相即种相和属相的实在性，认为后者只不过是人们为了认知的方便而杜撰出来的"语词"而已。[119]针对极端唯名论和极端实在论割裂感性认识和理性认识的片面性，阿奎那采取了一种"执两用中"、比较健全的温和唯名论或温和实在论立场。一方面阿奎那藉强调有形事物(复合实体)、心像或感觉像在作为共相的种相概念和属相概念形成中的必要性和实在性，而使他的抽象理论明显地区别于极端的实在论；另一方面又藉强调作为感觉抽象或想象抽象产物的可感形式的个体性和偶然性，强调作为理智抽象产物的作为共相的种相概念和属相概念的普遍性，又使他的抽象理论明显地区别于极端的唯名论，从而使之获得了一种崭新的种相概念和属相概念。

按照托马斯的种相观和属相观，种相概念和属相概念与复合实体的本质之间存在着一种相对相关的关系：一方面种相概念与属相概念与复合实体的本质相关，另一方面又与复合实体的本质相对。首先，种相概念和属相概念总是相关于复合实体的本质。这不仅表现在种相概念和属相概念的形成，如上所述，是基于复合实体个体化形式之间的相似性的，而且还表现在种相概念和属相概念与作为复合实体本质构成因素的多方面的对应性。如上所述，复合实体的本质是由质料和形式组合而成的，而按照托马斯的分析，属相、种差和种相则分别对应于质料、形式和复合实体。我们可以列简表如下：

对应项 A	对应项 B
属相	质料
种差	形式
种相	复合实体

当托马斯说"属相、种差和种相则分别对应于质料、形式和复合实体"时，他究竟想对我们说些什么呢？他是不是在告诉我们：属相仅仅意指质料、种差仅仅意指形式、种相仅仅意指复合实体呢？不是的。因为托马斯明确说过："属相泛指一切存在于种相里面的东西，而不单单意指质料。同样，种差也意指整体而不单单意指形式；而定义，和种相一样，也是意指整体的，只是它们意指整体的方式有所区别罢了。"[120] 那么，它们意指整体的方式的区别究竟何在呢？托马斯回答说："属相作为一个名称所意指的整体，所标示的是一物中的质料之所是，而不在于特定的形式(propriae formae)。"[121]"相反，种差作为一个名称，却是源于确定

的形式（forma determinate）的，就其原初理智概念（primo intellectu）而言，是不包含确定的质料（materia determinata）的。”[122]“但是，定义或种相却涵盖两者，亦即既涵盖由属相这个词所标示的确定的质料，又涵盖由种差这个词所标示的确定的形式。”[123]属相虽然能够泛指这样那样的形式，但它所标示的却不是这样那样的形式，而只是事物中的“质料”。托马斯以物体为例解释说：“我们之所以把一件事物称作物体，乃是因为这件事物具有由三个维度所限定的这样一种完满性，而这种完满性在质料方面是容许具有更进一步的完满性的。”[124]在谈到种差对应于形式时，托马斯解释说：“例如，当我们说一件事物是有生命的，亦即它是具有灵魂的东西时，我们并不能确定这件事物之所是：究竟它是一个物体呢还是某个别的东西。”[125]至于种相之对应于复合实体看来是比较容易理解的，因为既涵盖由属相这个词所标示的确定的质料，又涵盖由种差这个词所标示的确定的形式的东西不是别的，正是复合实体。

托马斯虽然花费了一定的篇幅来论证属相、种差和种相与质料、形式和复合实体的对应性，但是他真正想告诉我们的却是它们之间的差异性。托马斯强调说：“属相、种差和种相虽然分别对应于质料、形式及自然中的复合物的理由是很清楚的，但它们同这些东西却并非一回事。因为属相并不是质料，尽管它是由质料来意指整体的；种差也不是形式，尽管它是由形式来意指整体的。”[126]这是什么意思呢？托马斯是想以此来告诉我们，属相、种差和种相这些概念真正标示的只是一种逻辑存在，而非我们所讨论的事实存在。托马斯以传统哲学中关于人的定义为例对此加以说明。他说，当我们将人作为一个复合实体予以考察时，我们将说人是由身体（质料）和灵魂（形式）组合而成的。在这种情况下，我们说的是一个人是由身体和灵魂“这两样东西”构成了“第三样东西”。但是，当我们按照习惯，说人是理性的动物时，情况就不同了。因为当我们说人是由“动物”和“理性”组合而成的时候，“这并不是在说人是由这两样东西组合而成的第三样东西，而是在说人是由这两个概念组合而成的第三个概念（intellectus tertius）。”[127] 前者关涉的是一种事实存在，而后者关涉的则是一种逻辑存在。为了彰显它们之间的差别，托马斯将“人是由身体和灵魂组合而成的”中的“人”和“人是理性的动物”中的人严格区别开来，称前者为“homo（人）”，称后者为“humanitas（人性）”。托马斯强调说：“‘人（homo）’这个词和‘人性（humanitas）’这个词虽然都是意指人的本质的，但是，如上所述，它们意指的方式却并不相同。因为人这个词所意指的是作为整体（ut totum）的人的本质；……但是，人性这个词却是意指作为人的部分（ut partem）的人的本质的。”[128] 所谓“作为整体（ut totum）的人的本质”，是说“这本质非但不排除质料的指定，反而内在而含混地蕴涵有它”，[129] 从而它就能用来述说复合实体，就能用来述说个体的人。而所谓“作为人的部分（ut partem）的人的本质”的，是说“在它的意涵中所内蕴的只是那属于人之所以为人的东西，而排除了一切指定性”，[130] 既排除了作为复合实体之本质的构成要素之一的“个体化形式”，也排除了作为复合实体之本质的构成要素之一的“特指质料”，从而也就不可能用来述说“复合实体”，述说那个体的人。换言之，由属相、种差和种相界定的本质从根本上讲就不可能是复合实体的本质自身。

如果属相、种差和种相根本不可能是复合实体的本质自身，那么本质究竟以什么方式相关于它们呢？在谈到这个问题时，托马斯首先指出，属相概念、种差概念和种相概念不属于那些“受到绝对考察的本质或本性”之列。所谓“受到绝对考察的本质或本性”也就是按照本质或本性“所固有的概念（rationem propriam）加以考察”的本质或本性。[131] 例如，就人而言，凡属于人之为人的东西，如理性、动物性等，便都是本质或本性的内容。其他的一切，如白色和黑色，便都不属于本质或本性的内容。在托马斯的形而上学体系中，本质显然不是以这样的方式相关于属相、种差和种相的，或者说属相、种差和种相不是以这样的方式相关于本质的。其次，托马斯指出，属相概念、种差概念和种相概念也不属于“那种其在灵魂之外具有存在而附随本质或本性而生发出来的偶性”。[132] 如果说前面那种情况是从逻辑概念出发的话，这里所说的则是“就本性或本质在这一或那一个体事物中所具有的存在者对之进行考察的”。[133] 在这种情况下，一些事物就由于其借以存在的主体的缘故，而能够以偶性的形式来述说本性或本质；就像由于苏格拉底是白的，我们就说人是白的一样，尽管白色并不属于他之所以为人的人。而这样考察的本性明显地具有“双重存在”：一方面，“它存在于单个事物中”；另一方面，“它又存在于灵魂中”，而“偶性则伴随着这两种本性而存在”。[134] 属相概念、种差概念和种相概念之所以不属于这样的偶性，从根本上讲在于它们仅仅存在于“灵魂”中或我们人的“理智”中，而根本不可能存在“单个事物”即“复合实体”之中。那么，在托马斯的形而上学体系中，属相概念、种差概念和种相概念既不属于“理性”和“动物性”这样一些抽象概念，也不属于“黑色”、“白色”这样一些偶性，那么我们究竟应该如何界定它们呢？它们究竟以什么方式相关于本质呢？在《论存在者与本质》第三章的结尾，托马斯终于给出了他自己的答案。这就是：属相概念、种差概念和种相概念“是一种在那些由于其在理智中具有(quod habet in intellectu)存在而附随本质或本性生发出来的偶性(accidentibus)”。[135]我们应当如何恰如其分地理解托马斯的这样一句话呢？我们认为，至少有以下几点需要注意：(1)属相概念、种差概念和种相概念不应是复合实体的本质自身，甚至根本不属于本质的范畴，它们都只是一种偶性；(2)它们与我们通常所说的偶性不同，我们通常所说的偶性不仅在我们的理智之中具有存在，而且在单个事物即复合实体中也有其存在，而它们这些偶性则仅仅在我们的理智之中有其存在；(3)它们虽然仅仅在我们的理智之中具有存在，但是它们却是由于其在“理智之中有其存在”从而是“附随本质或本性生发出来的偶性”。而这种偶性所具有的依附性或伴随性显然一方面与复合实体及其特殊本质之间的相似性密切相关，另一方面又与我们人的感觉抽象和理智抽象过程密切相关。

复合实体的本质问题是托马斯本质学说中最重要也最有创意的内容。托马斯在大体完成了复合实体的本质问题的考察之后，便立即开始了他的独立实体的本质的考察。所谓独立实体，也就是脱离了质料的实体，亦称精神实体或理智实体(substantiis intellectualibus)。关于独立实体，托马斯列出了三种，这就是“灵魂、灵智(intelligentia)以及第一因”。[136]所谓第一因，托马斯指的是上帝。所谓灵智，托马斯指的是天使。托马斯把灵魂界定为“生命的第一原则(primum principium vitae)”,[137]指的是人的灵魂。鉴于“虽然每个人都承认第一因的单纯性,但还是有人试图把形式和质料的结构引进灵智和灵魂之中”,[138]托马斯将讨论的重点放到了灵智和灵魂方面,特别是放到灵智方面。在讨论独立实体的本质时,托马斯想要表达的一个根本思想在于,独立实体与复合实体不同,其本质不是由质料与形式复合而成的,而是形式本身,也正是在这个意义上,托马斯常常把绝对实体称作单纯实体(substantia prima simplex)。为此,他着力批判了“普遍质型论”。这种理论的根本观点是:世界上的一切事物,不论是物质事物还是精神事物,都是由质料(hyle)与型相(morph)组合而成的,既没有脱离形式的物质,也没有脱离质料的精神。这种理论可以一直上溯到奥古斯丁。奥古斯丁把这样的理论称作“天地学说”,而他说的天意指精神和精神的东西,他说的地则意指物质和物质的东西。他认为,无论是地还是天都包含形式和质料,区别仅仅在于地的形式和质料是有形的,而天的形式和质料是无形的。中世纪犹太哲学家阿维斯布朗(Avencebrol,1021—1058)在《生命之源》中首次明确提出和系统阐述了这一理论。阿维斯布朗宣称,世界上只存在有三种东西,这就是“质料与形式、第一实体(上帝)以及介于两端之间的神的意志”。[139]他认为,造物主(上帝)与被造物之间的根本区别在于:造物主(上帝)是完全单纯的“一”,所有被造物都是由“普遍形式”和“普遍质料”构成的。这就是说:不仅有形的物质实体具有质料,而且无形的精神实体也有质料,区别仅仅在于:精神实体所具有的质料为“精神质料”,物质实体所具有的质料为“形体质料”。他强调形式与质料的不可分离性,断言:“质料不能须臾离开形式，形式也不能离开质料。各自的存在之成为必然的存在仅仅因为对方的必然存在。”[140] 托马斯的同代人波那文都(Bonaventura，1221—1274)也极力倡导这一理论。波那文都和阿维斯布朗一样，把质料和形式看作是表示被造物的最普遍结构的概念。他论证说，既然我们承认凡被造物都具有潜在性，既然潜在性总是由质料造成的，我们就必须承认所有的被造物在结构上的复合性，承认所有的被造物不仅具有形式，而且还具有质料：精神实体具有“精神质料”，物质实体具有“物质质料”。其理由在于：“质料的基本含义是有待实现的潜能，这意味着质料包含着最低限度的主动性，这也就是它对于某些形式的适应性。如果质料所适应的形式是有形的，它便是物质质料。如果质料所适应的形式是无形的，它便是精神质料。”[141]

托马斯认为，驳斥普遍质型论最好的证据在于独立实体的“理解能力”。一方面，“形式实际上只有当其脱离了质料及其条件才能成为现实地可理解的”；另一方面，“这些形式也只有藉理智实体的能力将它们接受进理智实体自身之中并且作用于它们，才能成为现实地可理解的”。[142] 托马斯据此得出结论说：“因此，在任何理智实体中，都应当是完全没有质料的：这种实体既没有作为其组成部分的质料，甚至也不是那种印在质料上的形式(forma impressa in matera)，而那些物质事物的形式(formis materialibus)即属于后一种情况。”[143] 如果说托马斯反驳普遍质型论的上述理由是基于认识论的话，那么他的下一个理由则是基于本体论的。他写道：“无论什么时候，只要两件事物相互关联，其中一件事物是另一件事物的原因，则构成原因的那件事物便能够在没有另一件事物的情况下具有存在,反之则不然。”[144] 在托马斯看来,形式和质料之间的关系是一种因果关系:“形式能够将存在赋予质料”,形式是原因,现实的质料则是结果。既然如此,“如果离开了形式,质料便不可能存在下去。但是,如果离开了质料,形式之存在下去却并非是不可能的”。[145] 既然如此,则形式脱离质料而独立存在就是一件完全可能的事情了。根据这两方面的理由,托马斯作出结论说:“所以,复合实体的本质与单纯实体的本质之间的差别在于:复合实体的本质不单是形式,而是包含形式与质料两个方面,单纯实体的本质则单单是形式。”[146] 如果仅仅考虑到本质的结构,我们可以将它们的区别概括为:复合实体的本质的特征在于其复合性,单纯实体的本质的特征在于其单纯性。

为了进一步昭示独立实体或单纯实体本质的单纯性,托马斯还进一步讨论了独立实体的本质与复合实体的本质的另外两项区别。一项是就本质所意指的对象而言的,另一项是就本质的同一个种相中的个体数量而言的。就本质所意指的对象而言,“复合实体的本质既能够用来意指一个整体,也能够用来意指一个部分”。例如,当我们说“人是由身体(质料)和灵魂(形式)组合而成的”时候,“人”这个词所意指的便是“作为整体的人的本质”,便是整个的个人;而当我们说“人是理性的动物”时,“人”这个词所意指的“作为人的部分的人的本质”,便是“人之为人”的人,便是人的一个部分或部分的人。而且,“复合实体的本质并不是在任何情况下(quolibet)都能够用来述说复合事物本身的”。[147] 因为我们不能够说一个人即是他自己的实质。“但是,单纯事物的本质,作为它的形式,除非作为整体,是不可能意指什么的。”[148] 也正是在这个意义上，阿维森纳说："一件单纯事物的实质即是这单纯事物本身。"[149]这是不难理解的。要使一个单纯实体的本质能够既意指这个单纯实体整体又能够意指其部分，则这个单纯实体也就不复为单纯实体了。就本质的同一个种相中的个体数量而言，"复合事物的本质，由于它们是被接纳进特指质料之中的，便依照质料的区分而增多，……但是，既然单纯事物的本质并不被接受进质料中，则它就不可能有这样一种增加。所以，在这样的实体之中，我们也就找不到属于同一个种相的许多个体，而是在它们之中有多少个体就有多少种相"。[150]在《神学大全》中，托马斯在谈到天使这种独立实体时曾经说道："如果天使不是由质料和形式组成的，那就必然可以得出这样一个结论：两个天使不可能属于一个种相；正如不可能存在着几个分开的白或几个人性一样，因为，除非就白存在于几个不同的实体中而言，不可能存在有几个白。"[151]他在这里所强调的正是独立实体的本质的这样一种实存论特征。

独立实体除灵智实体外还有人的灵魂。人的灵魂是最低等级的独立实体或理智实体。关于人的灵魂问题，我们应当从两个方面加以考察。首先，人的灵魂，就其为灵魂而言，它与其他独立实体或理智实体一样，其本质都是单纯的，都只是一种形式。关于灵魂本身，托马斯自己曾有过多个说法。他的一个说法是："作为生命第一原则的灵魂，并不是一种形体，而是一种形体的现实(actus)。"[152]他的第二个说法是："人的灵魂，也被称作理智或心灵，是一种无形的和独立存在的事物。"[153]他的第三个说法是："灵魂不具有任何质料"，它"不是由质料和形式组合而成的"。[154]他的第四个说法是："我们称之为理智原则的人的灵魂是不可朽坏的。”[155]他的所有这些说法都指向了一点，这就是人的灵魂及其本质的构成的单纯性。然而，我们还应当看到，人的灵魂作为最低等级的独立实体或理智实体也有区别于其他独立实体或理智实体的一些特征。例如，人的灵魂，与别的理智实体相比较，“具有更多的潜在性”，从而也就“特别接近质料”，以至于“如果没有质料它们就不可能存在”，也不可能“有所运作”。[156]事实上，人的灵魂所具有的可能理智就是如此。也正是在这个意义上，托马斯反对奥利金关于人的灵魂与天使属于同一个种相的观点，而明确宣布：“灵魂与天使属于同一个种相是不可能的。”[157]

如果说人的灵魂是独立实体或理智实体系列的“终点”的话，上帝则是这一系列的“顶点”。灵智实体尽管单纯，但它的形式是一回事，它的存在却是另一回事。从这个意义上讲，它尚不是最单纯的实体。最单纯的实体当是上帝。因为上帝“不是一个形体”；“上帝就其本质而言乃一个形式，而不是由形式和质料组成的”；“上帝与他的本质或本性是一回事”；“上帝不仅是他自己的本质，而且还是他自己的存在。上帝的存在是不可能区别于他的本质的”；“上帝并不存在一个属相中”；“在上帝之中，显然是能够没有任何偶性的”；“上帝决不可能是组合的”；“上帝根本不可能进入任何事物的组合”。托马斯的结论是：“上帝只能是全然单纯(omnino simplex)的”。[158]

至此，托马斯可以说是完成了对三种实体的本质的考察，对三种实体的本质的构成作出了比较全面、比较系统的说明。我们不妨概述如下：复合实体的本质是由质料和形式复合而成的，受造理智实体的本质即是它的形式，而上帝的本质“即是他自身的存在”。

在这里，我们使用“受造理智实体”这个说法而不使用“独立实体”这个说法，乃是因为托马斯在第 4 章第 1 节，曾经非常明确地以“第一因”的名义将上帝列入独立实体的范畴的缘故。[159] 而我们在这里之所以将上帝视为一种实体，乃是为了彰显上帝这种存在者与偶性一类存在者的区别。诚然，如上所述，托马斯有时反对将上帝说成是一个实体，而他之所以这样做，显然意在避免上帝与复合实体与受造理智实体的混淆。而我们在这里既然是在复合实体、受造的理智实体之后言说上帝的，则在这里也就不存在上述混淆之嫌。诚然，将上帝说成是实体也容易使人产生错觉，似乎上帝也和其他实体那样具有偶性似的。《道德经》上说：“道可道，非常道；名可名，非常名。”[160] 上帝原本是一种不可道之常道、不可名之常名，我们人无论如何言说他、称呼他也都是不可能完全到位的。下面我们将这三种实体之本质的结构图示如下：

实体本质之构成
- 复合实体之本质＝形式＋质料
- 受造理智实体之本质＝形式
- 上帝之本质＝存在

不难看出，实体本质之构成与实体本身的构成是一一对应的。从复合实体到受造理智实体再到上帝，无论是实体本身的构成还是实体本质的构成，都是以递减或降幂的形式出现的。这可以看作是托马斯关于本质在实体中的存在方式的总体观点。

如前所述，托马斯将作为事实存在的存在者区分为两类，即实体和偶性。现在他既然完成了对作为实体的存在者的考察，则他便很自然地转向对偶性的考察。托马斯认为，偶性的本质具有明显的派生性或附随性。偶性所具有的本质的派生性或附随性归根到底是有偶性对于作为其主体的实体的派生性或附随性决定的。因此，托马斯在讨论偶性本质之前花费了比较大的篇幅来具体讨论偶性的派生性或附随性。他指出："因为离开了主体，偶性自身是不可能自行具有存在的。正如实体的存在是由形式和质料结合在一起产生的一样，偶性的存在则是当偶性进入主体时，由偶性和主体产生出来的。"[161]托马斯还进而对偶性产生的具体方式作出过比较深入的考察。首先，托马斯断言："既然实体的组成部分有质料和形式两个方面，则一些偶性便主要是形式的结果，而另一些偶性便主要是质料的结果。"[162]他举例说，我们的理解活动就主要是形式的结果，而不是质料的结果；而一个人的皮肤发黑则主要是质料的结果。其次，托马斯还指出："偶性有时是由一件事物的本质的原则按照其完满的现实性产生出来的，……但有时偶性却是作为实体的倾向产生出来，进而由一种外在的活动主体予以成全的"。[163]他举例说，火之发热属于前一种情况，而事物之运动则属于后面一种情况。因此，真正说来，偶性不是一个存在者（ens），而是一"存在者的存在者（ens entis）"。[164]例如，颜色总是某件事物的颜色。偶性虽然并不存在，但是却存在于某种事物之中。例如，白色并不存在，但是，事物却以白的方式存在。正因为如此，托马斯明确地将偶性存在或者偶性与作为其主体的实体组合而成的存在称作"次级存在（esse secundum）"。[165]托马斯在对偶性存在的派生性或附随性作出上述考察的基础上，对偶性的本质作出了如下两点说明。首先，正如复合实体的本质是由质料和形式复合而成的一样，偶性与作为其主体的实体组合而成的"次级存在"的本质便也应当是由偶性与作为其主体的实体复合而成的。从而正如无论是复合实体的质料还是复合实体的形式都不具有“完全的本质”一样，[166]偶性，作为“次级存在”的一种构成成分，便也同样不可能具有“完全的本质(completam essentiam)”。[167]其次，本质既然如上所述，具有“使存在”或“使具有”的性质和功能，偶性既然其本身只是附随作为其主体的实体而存在的东西，则它便不仅不具备“完全的本质”，而且也根本不能成为本质之一部分。托马斯最后得出结论说：“正如偶性只是在一种有所保留或附随的意义上才称得上一个存在者(ens)一样，它也只是在一种有所保留或附随的意义上(secundum)才说得上具有本质(essentiam)的。”[168]诚然，倘若从逻辑学的立场看问题而不是从实存论的立场看问题，我们还是可以给偶性的本质以较高的地位的。因为这样一来，我们便可以说“偶性的本质是其本身固有的”。[169]因为无论是黑板的黑还是黑铅笔的黑都内蕴有黑色这样一种“本性”。然而，倘若我们从实存论的立场看问题，我们就不能不承认偶性本质的有条件性、派生性和附随性了。

至此，托马斯终于完成了对实体和偶性这样两类作为事实存在的存在者及其本质的考察。我们不妨将托马斯的基本观点图示如下：

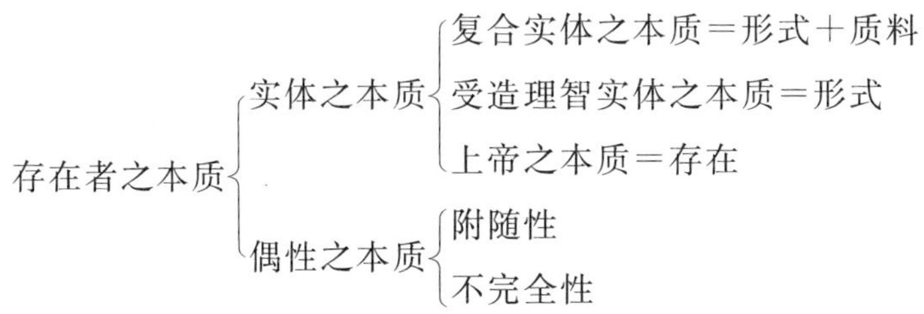

四、走向作为“纯粹活动”的“纯粹存在”:从存在者到存在本身

存在者及其本质虽然是形而上学的“原初”概念,但却不是形而上学的“终极”概念。形而上学的终极概念不是别的,正是“存在”概念或“存在本身”的概念。托马斯的形而上学可以说是从存在者及其本质出发进展到存在或存在本身的学说。

前面我们在讨论受造的理智实体时,曾经说过即使像天使这样的灵智实体也不是绝对单纯的。[170]托马斯在解释这样一种现象时,曾经给出了一个极其重要的理由,这就是灵智实体的本质与存在的区分。前面说过,在古希腊哲学家那里,特别是在柏拉图那里,事物的本质同时也被理解为它的存在。但是,中世纪的阿拉伯哲学家阿尔法拉比和阿维森纳却认为,事物的本质与存在是有区别的:事物的本质不是存在,事物的存在也不是本质。托马斯不仅完全赞同他们的这种理论,而且还发展了这种理论,使之成为中世纪经院哲学的一项基本原则。他在解释灵智实体的非单纯性时便充分使用了这项原则。托马斯的大前提在于:“凡不存在于本质或实质概念之中的都是来自本质之外的,都是同本质一起形成复合事物的。”[171]托马斯的小前提在于:“存在是某种并非本质或实质的东西。”[172]其理由是:虽然没有什么本质是能够在没有作为其各个部分的诸多事物的情况下得到理解,但每一种本质或实质却都是能够在对有关它的存在的任何事物缺乏理解的情况下得到理解的。托马斯以人和不死鸟为例予以解说。他写道:“我们能够理

解一个人之所是或一只不死鸟(phoenix)之所是,然而却不知道其究竟是否实际存在。"[173]托马斯由此得出结论说:存在是"来自本质之外的",是"同本质一起形成复合事物的"。托马斯结合灵智实体的情况进一步解释说:"在每一件除上帝之外的别的事物中,这件事物的存在是一回事,而它的本质或实质、本性、形式则是另外一回事。所以,灵智除了它们形式外还必定另有其存在;从而一如我们业已说过的,灵智(intelligentia)是形式兼存在(forma et esse)。"[174]

除了灵智实体之存在外,还有一个灵智实体本质的现实性问题。托马斯在讨论灵智实体的非单纯性问题时,一开始就提出了灵智实体及其本质的现实性问题。他写道:"尽管这样一类实体只有形式而没有质料,但它们却……并非是纯粹的现实,而毋宁说它们混杂有潜在性(potentiae)。"[175]在托马斯看来,灵智实体的非单纯性不仅表现为本质与存在的区别,而且还表现为潜在与现实的区别。不过这样两种区别却是存在着一种内在的统一性的。托马斯在谈到这种统一性时,曾经解释说:"凡是从他物接受某种东西的,都潜在地相关于它所接受的东西,而该事物所接受的东西即是它的现实性。"[176]这就是说,灵智实体的本质或形式,相对于它从外面接受过来的存在来说,是一种"潜在(*potentia*)",而它从外面接受过来的存在,相对于灵智实体的本质或形式来说,则是一种"现实(actus)"。[177]这就意味着,灵智实体从外面接受过来的存在不仅是灵智实体得以存在的根据,而且还是灵智实体的本质得以由潜在转变为现实的根据。

因此,对于托马斯的体系来说,至关紧要的问题是灵智实体究竟从何处才能获得存在？托马斯的答案很简单，这就是“纯粹存在(esse tantum)”和“纯粹活动(actus purus)”。托马斯推证这一问题的根本前提是我们在前面已经提及的“存在与本质相区分”的形而上学原则。在托马斯看来，既然“存在与本质相区分”，则“一切其存在有别于它自己本性的东西”都是从“他物”，即从“那些通过自身而存在的东西”“获得其存在的”。这又是因为“凡不是纯粹存在的事物，其存在都是有一个原因的”。[178]诚然，通过他物而存在的东西的原因可能不止一个，而是需要一个原因的系列或链条，但无论如何，它需要一个通过自身而存在的东西，即一个纯粹的存在，“作为它的第一因(causa prima)”。“否则，我们在探究事物的原因时就将陷入无穷追溯。”[179]也正是在这个意义上，托马斯将纯粹存在称作“第一存在(primo ente)”。[180]那么，究竟什么是纯粹存在呢？复合实体显然不是纯粹存在。因为它不仅蕴含有质料和形式，而且其存在也只能是一种来自他物的存在。受造的理智实体显然也不是纯粹存在。因为它不仅蕴含有形式，而且其存在也同样是一种来自他物的存在。更何况无论是复合实体还是受造的理智实体都是一种蕴含有潜在性的东西。因此，能够构成纯粹存在、构成万物第一因的东西必定不仅本身即是存在而且本身既不包含质料和形式也不包含任何潜在性的东西，这样的东西也就只能是作为“纯粹现实”或“纯粹活动”的东西。托马斯将万物的“第一原则(primo principio)”界定为“原初的和纯粹的活动(actus primus et purus)”，[181]即是谓此。而这种“纯粹存在”或“纯粹活动”又是什么呢？从基督宗教神学上讲，它就是上帝。《论存在者与本质》把这一点讲得很明白。托马斯写道：“所谓第一存在

(primo ente)即是纯粹存在(esse tantum)。这也就是第一因(causa prima),亦即上帝(deus)。”[182]

在考察托马斯的存在本身的理论时,还有两点需要注意。一是我们虽然主要是结合灵智实体来讨论和阐释存在本身的,但是有关结论却明显地具有普遍意义。这些结论不仅适用于所有受造的理智实体,而且也适用于所有的复合实体或物质实体。另外,我们强调上帝或存在本身是最单纯的东西,这在任何意义上都不是说上帝或存在本身是最贫乏、最低贱的东西,正相反,他是内容最丰富、最卓越的存在者。一方面,“他具有存在于所有属相中的所有的完满性”。[183]另一方面,“上帝是以比别的事物更其卓越的方式具有这些完满性的”。[184]而所谓“以比别的事物更其卓越的方式具有这些完满性”是说,其他事物具有的所有的完满性都是经他的“运作”产生出来的。在谈到上帝身上的完满性的卓越性时,托马斯解释说:“因为在他身上,它们是一,而在其他事物中,它们却是多。这又是因为所有这些完满性都是由于他自己的单纯存在而属于他的。同样,如果有人能够仅仅藉一种性质产生出所有性质的运作,则在这一个性质中他就会具有每一种性质。而上帝也正是在他的存在本身中具有所有这些完满性的。”[185]在《反异教大全》中,托马斯也正是从这两个方面来界定上帝的完满性的。一方面托马斯将上帝的完满性称作“普遍完满性(universaliter perfectum)”,宣称上帝是“一种普遍完满的存在者(universaliter ens perfectum)”,[186]另一方面又宣布“凡存在于任何给定的事物之中的卓越都是就其存在而属于它的”。[187]在《神学大全》中,托马斯则强调了这两个方面的统一性或一致性,指出:“所有受造的完满性都存在于上帝之中。上帝也因此而被说成是普遍完满的。"[188]此外,托马斯还强调指出,上帝的单纯性非但不影响上帝的卓越性,反而是其卓越性的根据之所在。他从因果论和分有说两个方面对此作出证明。他首先从因果论方面予以论证。其大前提为:"凡在结果里存在的完满性"都必定"以更卓越的方式"存在于"动力因"之中。其小前提为:"上帝为事物的第一动力因(prima causa effectiva)"。其结论为:"万物的完满性必定是以一种更其卓越的方式预先存在于上帝之中的"。[189]他还从分有说方面对此作了论证。其大前提为:事物之成为完满的,是就其"具有存在而言的"。小前提为:"上帝是存在本身",其他事物都是因分有他的存在而具有存在的。其结论为:上帝"在其自身之中必定包含着存在的所有完满性"。[190]

托马斯对存在本身的重新界定极其充分地体现了他的创新意识和革新精神。如前所述,无论是在巴门尼德的存在论中,还是在柏拉图的通种论中,存在概念基本上只是一个"可以思维"和"可以言说"的"抽象概念"或"逻辑范畴";即使亚里士多德的"作为存在的存在"也依然是一个普遍的抽象概念或逻辑范畴。波爱修把"存在自身"解释为纯形式,非但没有超越亚里士多德,反而退回到了柏拉图。这种情况在早期经院哲学家那里也没有得到根本的改变。针对在存在概念的这样一种本质主义或逻辑主义传统,阿奎那在中世纪经院哲学中第一个明确地用"活动"来界定存在或上帝,强调活动与存在的等义性。在托马斯看来,存在本身或上帝即是一种"活动",一种生生不已的创造活动。根据拉丁文,"存在"(esse)一词是由"是"(sum)一词派生出来的。阿奎那据此解释说:

"'是'本身所意指的并不是一个事物的存在，……它首先表示的是被感知的现实性的绝对状态。因为'是'的纯粹意义是'在活动'，因而才表现出动词形态。"[191]他还强调说："存在所表示的无非是某种活动(esse actum quondam nominat)。因为一件事物之被说成存在，不是因为它之处于潜在状态，而是因为它之处于活动状态。"[192]这就是说，存在的最为基本的意义即是"活动"，而且是"在活动"，或者是"活动本身"。托马斯不仅用"活动"来界定存在本身，而且还强调存在本身与力量和完满性的等义性。托马斯强调指出："上帝的活动同他的力量并没有什么区别。这两者都是上帝的神圣本质，因为上帝的存在同他的本质是没有什么区别的。因此，我们不能够得出结论说，在上帝之中有什么比他的力量更为高贵的东西。"[193]在《论上帝的力量》一文中，托马斯进一步明确地将存在宣布为"一切活动的现实性"。他写道："我在这里把存在理解为最高的完满性，因为活动总比潜在更完满。……存在是一切活动的现实性，因此是一切完满的完满性。"[194]

在谈到托马斯的充满革新精神的存在观时，莫勒强调指出："对于圣托马斯来说，存在并不是一件事物存在那种简单的事实，或者说它在世界上在场。如果这是存在的意义的话，则称上帝为纯粹存在就几乎没有什么意义。事实上，存在是动力学(力本论的)的和具有活力的活动。"[195] G. B. 费兰更是以生动的笔触写道："'具有存在(have being)'的事物，与一堆静态的本质不同，并不是'仅仅在那儿(just there)'，静态的本质是惰性的，不可运动的，不向前发展的，不在改变的。存在的活动不是一种状态，它是一种活动，是关于所有活动的活动，而且因此必定被理解为一种活动，而不是任何静止的可限定的概念的对象。存在是动力学的冲动，能量，活动，是所有活力、所有能量、所有活动中最初的、最持久和绵延的。在尘世的所有事物中，存在活动是自然的同质同体的驱动，一种无休止的奋斗的力，推动每一个存在者向前，从它自己的实在的深层之中达到它的充分的自我完成，亦即充分成为以它自己的本性倾向成为的东西。"[196] 如上所述，在传统的西方哲学中，存在不是被理解为一个普遍的逻辑概念，就是被理解为一种现成的东西或实体。阿奎那用"活动"来规定存在的做法显然是对传统逻辑主义和实体主义"存在观"的一种颠覆。吉尔松在谈到阿奎那的存在观时曾经将其宣布为"形而上学历史上的一场革命"，[197] 威廉·巴雷特在谈到阿奎那及其存在观时，也曾将其宣布为现当代存在主义的"理论先驱"。[198] 这些都是不无道理从而值得深思的。因为无论是我们在海德格尔的《存在与时间》中读到"在"、"能在"和"此在"的时候，还是在萨特的《存在与虚无》中读到"反思前的我思"和"存在先于本质"的时候，我们总能够隐隐约约地感受到阿奎那的存在观给现当代西方哲学带来的震颤，总能够模模糊糊地看到阿奎那"存在者"、"存在"、"纯粹存在"、"纯粹活动"等哲学概念的投影。

通观全著，我们看到，托马斯是从作为事实存在的存在者及其本质出发，从讨论作为事实存在者何以能够存在、作为事实存在者的本质何以由可能达到现实出发，最后终于进展到了作为纯粹活动和"第一因"的存在本身。从这个意义上，我们可以说托马斯的形而上学是一种从存在者到存在的哲学。在《论存在者与本质》的开篇，我们看到了托马斯形而上学的两个基本概念，即"存在者"和

"本质"，然而，在《论存在者与本质》的结尾处，我们看到了"存在"或"存在本身"这个概念。对此，一方面，我们可以说，"存在者"、"本质"和"存在"是《论存在者与本质》这本著作的三个基本概念；另一方面，我们又应当说，唯有存在才是《论存在与本质》中最为重要的概念。一如莫勒所指出的，在《论存在者与本质》的后面几章，"我们终于意识到它的最重要的术语是存在。一个存在者之所以是一个存在者，只是因为它具有存在。一个本质只有藉把它安放在实在中的存在活动才能够成为一个本质。"[199]

然而，这作为"第一因"的存在或存在本身，从基督宗教神学的立场看，不是别的，正是上帝。从这个意义上，我们不妨把托马斯的《论存在者与本质》看作是他对上帝存在的一个哲学证明。托马斯在《论存在者与本质》的结尾处以强调的语气说道："正是在这一存在者中，我们这篇论文发现了它的旨意和圆满（finis et consummatio）。"[200]从上下文中不难看出，托马斯所说的"这一存在者"，不是别的，正是作为"纯粹活动"和"第一存在"的上帝。由此足见，论证上帝的存在及其完满性，正是托马斯写作《论存在者与本质》的根本旨趣。正因为如此，一些托马斯学者主张托马斯在这部著作中为上帝的存在提供了一个哲学证明。吉尔特神父甚至声言，托马斯在这部著作中所作出的是"圣托马斯的最直接和最深刻的关于上帝存在的证明，甚至比《神学大全》中的五路证明还好。"其理由是，在《论存在者与本质》中，对上帝存在的证明是"以事物的本质"，即以事物的本质与存在的区分为基础的，而《神学大全》中的五路证明则是以"它们的运动和其他的活动"为基础的。[201]但是，吉尔特神父的这一观点却遭到了吉尔松的反对。吉尔松认为，严格说来，《论存在者与本质》关于上帝是第一存在的讨论是算不上对上帝存在的一个证明的。[202]他给出的理由主要有两条。一条理由是：无论在这部著作中还是在圣托马斯的其他著作中，类似的推论都没有被认为是上帝存在的一个证明。第二个理由是：托马斯当他明确地提出证明上帝存在的时候，并没有使用过这种论证。它既不是《神学大全》中五路证明中的一种，也不属于《反异教大全》中"哲学家和天主教教师证明上帝存在的证明"。如果托马斯把这看作是上帝存在的一个推证，则他就不可能漏掉这一探究上帝的途径。实际上，他在他自己的主要著作中似乎都一直在有意避免使用这一推证。

应该说，吉尔松的这种说法并非空穴来风。因为我们只要简单地考察一下两个《大全》中上帝存在的证明的出发点，我们就会发现其中所蕴含的所有的证明都是从诸如运动的事实或宇宙中的秩序的感觉材料开始的，而不是从把有限存在形而上学地区分成本质和存在开始的。在《反异教大全》中，阿奎那对上帝存在作了"四路"证明。这就是："从受造物运动的受动性出发的证明"；"从事物运动的动力因出发的证明"；"从受造物实在性程度出发的证明"以及"从受造世界管理出发的证明"。在这四路证明中，托马斯用力最大的则是第一路证明。所谓从受造物运动的受动性出发的证明是说，受到推动的每一件事物都是受到他物推动的。而这个推动者自身无非是两种情况："它或者受到推动，或者不受到推动。"如果它不是受到推动的，我们就必须因此而"设定某个不被推动的推动者(movens immobile)"，"我们把这个不被推动的推动者称作上帝"。[203]如果它是受到推动的，则它就是为另一个推动者所推动的。这样,我们就必须或者进展到无限,或者达到某个不被推动的推动者。然而,要进展到无限是不可能的。“因此,我们必须设定一个不被推动的第一推动者(primum movens immobile)。”[204]所谓从事物运动的动力因出发的证明是说,既然受造事物在动力因方面也和在其受动性方面一样“不存在任何无限倒退的可能性”,则我们也就“必须设定存在有一个第一动力因(primam causam efficientem)。而这种动力因就是上帝。”[205]因此,吉尔松关于托马斯在《反异教大全》中是从经验事实出发的说法是有其事实根据的。在《神学大全》中,阿奎那针对“上帝似乎不存在”的异议对上帝的存在作出了“五路”证明:即“从运动出发的证明”;“从动力因理据出发的证明”;“从可能性和必然性出发的证明”;“从事物中发现的等级出发的证明”以及“从上帝对事物的管理出发的证明”。《神学大全》中的五路证明与《反异教大全》的四路证明的差别,除明确地添加上“从可能性和必然性出发的证明”外,最显著的则在于阿奎那在五路证明中以更为有力的笔触强调了他的由果溯因的后天演绎的出发点并非抽象概念和逻辑范畴,而是感性事物和感性认识,用托马斯自己的话说就是,那些“对于我们的感觉来说是确实的和明显的”东西。[206]就此而言,吉尔松的判断也没有什么不对。

但是,问题在于:吉尔松的全部论证似乎仅仅告诉我们,托马斯在《反异教大全》和《神学大全》中所提出的关于上帝存在的证明都是以我们经验到的感性事实为基础、依据和出发点的,然而据此却并不能构成对托马斯在《论存在者与本质》中关于上帝存在证明的有力的否证。因为在《论存在者与本质》中,托马斯所坚持的也不是安瑟尔谟所主张的那样一种本体论证明或先天证明，而同样是一条基于经验事实的由果溯因的后天演绎证明。这一点是托马斯在《论存在者与本质》的引言中就明确申明了的："既然我们应当由复合事物领悟单纯事物的知识，由经验的事物认识先验的事物，则我们在学习时从比较容易的东西起步就是恰当的了。因此之故，我们将从解说存在者(entis)的含义起步，然后进展到解说本质的含义。"[207]更为重要的是，托马斯不仅在《论存在者与本质》中明确申明了自己的这项基于经验事实的由果溯因的后天演绎的方法论原则和认识论原则，而且，一如我们在前面的分析中所表明的那样，在这部著作中，他自始至终都在极力践履这样一项方法论原则。如果说托马斯在《论存在者与本质》所使用的证明上帝的方法与他在《反异教大全》和《神学大全》中所使用的方法有所区别的话，也只是：在《反异教大全》和《神学大全》中，构成托马斯上帝存在证明的出发点的更多地是作为偶性的存在者，在《论存在者与本质》中，构成托马斯上帝存在证明的出发点的则更多地是作为实体的存在者，尤其是作为自然实体(即复合实体)的存在者。偶性固然是我们的经验对象，但有谁能够说自然实体不是我们的经验对象呢？更何况偶性也总是自然实体的偶性。由此看来，把托马斯在《论存在者与本质》中从自然实体出发的关于上帝存在的证明与他在《反异教大全》和《神学大全》中从作为自然实体的偶性出发的证明绝对对立起来和割裂起来是毫无根据的。诚然，吉尔松能够注意到托马斯在论证上帝存在方法论的差异，这也是难能可贵的，至少说明了他对托马斯的著作比一般学者更为熟悉。他的问题并不在于他发现了这样一类差异，只是在于他对这种差异的解释似乎不太高明。在我们看来，托马斯在证明上帝存在方面之所以存在有这样一种差异，从根本上讲，主要是由他的写作对象的差异造成的。《反异教大全》是阿奎那的一部早期著作，写于 1259—1264 年。这部著作是阿奎那应多米尼克会总会会长圣莱芒德的要求而写作的。圣莱芒德希望阿奎那写作一部著作指导在西班牙摩尔人中间传道的修士，该著作也是因此而冠以《反异教大全》这个标题的。写给那些在非基督宗教地区传教的传教士的哲学和神学读物，自然应带有通俗读物的品格。《神学大全》是托马斯的后期作品，写于 1264—1273 年，是托马斯的一部未竟的著作。这部巨著是为训练基督宗教哲学和神学的"初学者"写的。这一点，托马斯在《神学大全》的"引言"里交代得很清楚。他在"引言"中开门见山地写道："天主教真理（catholicae veritatis）的教师，不仅应当去教导那些学有所成的人们（provectos），而且还应当教诲那些初学者（incipientes）。……在这本书中，为了适合教育初学者，我们便打算讨论属于基督宗教（Christianam religionem）的各项内容。"[208]这就是说，为了适合教育初学者，托马斯在《神学大全》中只打算谈一些泛泛而论的东西（尽管这些泛泛而论的东西也是具有理论深度的）。由此看来，托马斯在这两部著作中之所以决意主要从偶性出发对上帝存在的证明进行论证，显然是比较充分地考虑到"初学者"以及普通传教士的理解水平和接受水平的。但《论存在者与本质》的写作目的却不同。托马斯的一些研究者和其著作的一些编撰者，如卢卡的托勒密等，认为，托马斯的这部著作是写给托马斯在圣詹姆斯的同事，写给巴黎的多米尼克研究会成员的，也就是说，是写给多米尼克会中的精英分子看的，写给那些对基督宗教哲学和基督宗教神学“学有所成”的学者看的。[209]正是出于这样一种考虑，托马斯在这部学术专著中不是从实体的偶性出发，而是从具有偶性的实体出发，其理论色彩和思辨程度自然比《反异教大全》和《神学大全》浓重些、高一些。因此，像吉尔松那样，注意到这些著作在上帝存在证明方法方面的差异性是必要的，但像他那样因此而根本否认《论存在者与本质》中存在有对上帝存在的证明，则显然是片面的，有因噎废食之嫌。当然，我们也不应因此而无条件地盲从吉尔特神父的观点，简单地对上帝存在的两种证明方式作出价值判断，宣称一种比另一种更好些。其实，无论是《论存在者与本质》还是《反异教大全》和《神学大全》，托马斯由经验事物到先验事物、由存在者到存在的由果溯因的后天演绎路线都是一脉相承的。托马斯之所以有时从具有偶性的实体出发有时又从实体的偶性出发，这里昭示出来的只不过是托马斯的“方便智”而已。

五、作为形而上学革命家的托马斯的理论得失：海德格尔 VS 吉尔松

托马斯既然如上所述，对哲学和形而上学的基本问题即存在者何以存在的问题或存在本身问题做过一系列探究，他就有权跻身于哲学家行列。而且，事实上，在许多人的眼里，他也确实享有非常崇高的哲学地位。安东尼·肯尼就曾把托马斯视为“西方世界屈指可数的几位最伟大的哲学家之一”。[210]他非常郑重地写道：“在我看来，阿奎那是西方世界屈指可数的几位最伟大的哲学家之一。他的自然哲学，在很大程度上，由于文艺复兴以来自然科

学的飞速发展而变得陈旧。他的逻辑哲学，在很多方面，为近几百年的逻辑学家和数学家所改进。但他的形而上学、他的哲学神学、他的心灵哲学以及他的道德哲学却使他与柏拉图和亚里士多德比肩，与笛卡儿和莱布尼茨比肩，与洛克、休谟和康德比肩。”[211]

当代著名的托马斯专家吉尔松（Tienne Henry Gilson，1884—1978）在他的著作中不厌其烦地称赞托马斯哲学的“原创性”和“深刻性”。[212]为了突出和强调托马斯在西方哲学史上的独特地位和恒久价值，吉尔松在《圣托马斯·阿奎那基督宗教哲学》中甚至断言：“只有一个托马斯·阿奎那。”“托马斯·阿奎那的形而上学基本主张依旧远远领先于被认为是我们时代最先进的思想。就托马斯而言，我不是说他过去是正确的（he was right），而是说他现在是正确的或他是正确的（he is right）。”[213]在他的另一部重要著作《中世纪基督宗教哲学史》中，吉尔松突出地强调了托马斯作为形而上学革命家的历史地位。他强调说，托马斯不是以“进化的方式（by way of evolution）”，而是以“革命的方式（by way of revolution）”继承包括亚里士多德主义在内的西方形而上学遗产的。[214]“作为哲学，托马斯主义本质上是一种形而上学。它是对作为形而上学第一原则，即‘存在’的形而上学解释历史上的一场革命（a revolution）。”[215]

那么，托马斯究竟是如何在解释“存在”问题上开展革命呢？吉尔松认为，最为根本的就在于，托马斯对“存在”这个传统概念作出了崭新的解释。存在在托马斯这里不再是一个思辨的概念或逻辑范畴，而是成了“一个不定式”（to be，to exist），成了“存在活动（the act of being）”，成了“纯粹的存在活动（the pure act of existing）”，成了万物得以存在的存在活动。[216]存在问题因此也就成了"解释实在的'硬核(the very core)'",[217]成了形而上学的"第一原则(the first principle)",[218]成了哲学或形而上学的"拱顶石(keystone)",成了形而上学得以存在的"根据"。[219]而形而上学也就因此而成了"关于存在之为存在的形而上学(the metaphysics of being as being)"。而且,也正因为如此,托马斯对反思和探究"存在"问题具有空前的"紧迫感(the urgency)",以至于在其哲学生涯之初,就在《论存在者与本质》中比较系统地讨论和阐述了"存在"问题。[220]

然而,尽管吉尔松强调了托马斯形而上学的革新精神和现当代意义,但托马斯的存在论或形而上学还是遭到了现当代西方哲学家的诟病。例如,罗素就曾对托马斯作过认真的批评。罗素承认托马斯的历史地位,承认"在他所处的时代里,他被认为是一个大胆的革新者"。[221]罗素也承认托马斯的现当代影响。他写道:"圣托马斯不仅有历史上的重要性,而且还具有当前的影响,正像柏拉图、亚里士多德、康德、黑格尔一样,事实上,还超过后两人。"[222]但他从骨子里看不起托马斯的存在论或形而上学,并对之采取了贬抑的态度,断言:"阿奎那没有真正的哲学精神","阿奎那的独创性表现于对亚里士多德哲学稍加改窜来适应基督教义一事上"。[223]这与他的分析哲学和逻辑原子主义立场不无关系。而且也正是由于他的这样一种否认或取消形而上学的哲学立场,使得他对托马斯的存在论或形而上学的批评显得有点不得要领。在现当代哲学家中,对托马斯的这样一类存在论和形而上学最有挑战性的批评则是由海德格尔提出来的。

海德格尔对托马斯这样一类的存在论和形而上学的批评之所

以最有挑战性，最根本的就在于他旗帜鲜明地提出了基督宗教哲学何以可能的问题。如果说罗素对托马斯的批评的要害在于托马斯缺乏“哲学精神”的话，海德格尔对托马斯批评的要害则在于托马斯根本不可能具有“哲学精神”。这无异于釜底抽薪！吉尔松虽然对托马斯的存在论和形而上学颂扬备至，但对托马斯的基督宗教立场、对托马斯的存在论和基督宗教神学的内在关联却一点也不隐讳？吉尔松不仅没有回避反而突出地强调了托马斯的哲学与其神学的关联的直接性和内在性，宣称：“圣托马斯的神学是一个哲学家的神学(a philosopher's theology)；他的哲学是一个神学家的哲学。”[224]不仅如此，他还藉“存在”概念强调了他的存在论与基督宗教神学的内在关联性。他指出：“上帝的存在问题本身”“就预设了对存在这个术语意义的某种先行理解”。[225]

然而，“上帝的存在”中的“存在”能够构成一个合法的哲学范畴吗？“神学家的哲学”还算得上哲学吗？吉尔松说，在《神学大全》中，“托马斯以哲学之水(the water of philosophy)酿造出了神学之酒(the wine of theology)”。[226]能够用来酿造“神学之酒”的“水”还算得上“哲学”或“哲学的”吗？海德格尔正是以这样的方式向托马斯所主张的这样一类存在论和形而上学作为哲学的合法性进行诘问的？1955年，吉尔松出版了一部题为《中世纪基督宗教(Christian Philosophy)哲学史》的著作，1956年他又出版了题为《圣托马斯·阿奎那的基督宗教(Christian Philosophy)哲学》的著作。即使从这两部著作的题目看，“基督宗教哲学”对于吉尔松来说显然是一种不言而喻的东西。然而，海德格尔首先发难的正是在吉尔松看来不言而喻的东西。海德格尔的措辞激烈，近乎尖刻。

他断言："一门'基督宗教哲学(christliche Philosophie)'是一种木制的铁剑(ein hölzernes Eisen)，是一套误解。"[227] 如果海德格尔的观点站得住脚，它无疑是对吉尔松关于托马斯基督宗教哲学的论述和评价的致命一击。因为"托马斯的基督宗教哲学"的上位概念不是别的，正是"基督宗教哲学"，倘若"基督宗教哲学"是一个悖论，是一个伪概念，则托马斯的基督宗教哲学也就自然跟着成了一个伪概念。而如果托马斯的基督宗教哲学成了一个伪概念，则有关托马斯的基督宗教哲学的论述和评价也就自然跟着成了一些不攻自破的东西了。按照海德格尔的说法，托马斯之所以要提倡自然神学和基督宗教哲学除了表明他对基督宗教神学的不信任之外不能表示任何别的东西。他写道："对基督宗教经验世界，即信仰也有一种思索和探寻式的研究，这就是神学。只有当人们不再完全相信神学任务的伟大之时，才会产生出那种变味的见解，以为神学只能经过哲学的洗礼才可成立，甚至要被取代以适合时代口味的需要。"[228] 海德格尔对托马斯的这样一类存在论和形而上学的第二项批评在于：哲学的本质在于对"存在者何以存在"这一问题的追问，而在这样一类存在论和形而上学中，这种追问缺乏真实性，实际上是一种"明知故问"。海德格尔尖锐地写道："对于那些认为圣经是上帝的启示和真理的人来说，在询问'究竟为什么存在者存在而无反倒不存在？'这个问题之前，就已经有了答案(eine Antwort)。这答案就是：存在者，只要它不是上帝自身，就是为上帝所创造的。上帝自身作为非被创造的造物主而'存在'。站在这种信仰基地上的人，虽然能够以某种方式跟着我们并随同我们追问这个问题，但他不能够本真地追问，而又不放弃自身作为一个信仰者以及由此一步骤带来的一切后果。”[229]海德格尔嘲笑说：这“根本不是信仰，而只是一番凑合和一番自行约定，约定今后总遵循一种随便什么样的传统教义罢了。于是乎，它既不是什么信仰也不是什么追问，而是一种无所谓(keinen Bezug hat)。这种无所谓对一切都可能忙上一阵，甚至还忙得兴致勃勃，对信仰或对追问都是一样。”[230]海德格尔对托马斯的这样一类存在论和形而上学的第三项批评在于：在海德格尔看来，对于基督宗教和基督宗教思想家来说，“存在者之存在”从根本上说不是“存在本身”，而是“一个特殊的存在者”，即“上帝之子”，从而存在者归根到底成了一种“被创造”的东西。海德格尔认为，柏拉图主义本质上是一种二元论，一种关于存在者和存在的二元论，其中作为“存在者”的是存在于尘世之间的万物，作为“存在”的是处于理智世界的、存在于天上的理念。基督宗教及其思想家的根本努力就在于修正这样一种二元论：把“尘世上的东西”称为“受造物”，而把“天上的东西”说成是“造物主”，从而“存在者”与“存在”的关系就演变成了“创造”与“被创造”的关系。正是在这个意义上，我们不妨按照尼采的说法，将基督宗教和基督宗教神学称作“为人民的柏拉图主义(Platonismus furs Volk)”。[231]海德格尔断言：“基督宗教的逻各斯概念，尤其是《新约全书》中的逻各斯概念……自始就不像在赫拉克利特的残篇中那样是存在者的存在(das Sein des Seienden)，是互相排斥者的集中，而乃是一个特殊的存在者(ein besonderes Seindes)，也就是上帝之子(den Sohn Gottes)。”[232]“基督宗教把存在者的存在的意思改变为被创造(Geschaffensein)。”[233]

但是，对海德格尔对于托马斯一类的存在论和形而上学的这样一种批评，吉尔松还是有某种还手余地的。首先，对于海德格尔关于“基督宗教哲学是一种木制的铁剑”的说法，吉尔松是可以根据托马斯的文本作出反批评的。“基督宗教哲学”在海德格尔那里之所以成了一个伪概念，最根本的就在于他在处理哲学与神学的关系时持守着一种二元论立场。诚然，在讨论神学与哲学的关系时，海德格尔批评了传统的和流俗的哲学-神学观。按照这样一种哲学-神学观，神学与哲学的关系即等于信仰与理性的关系。海德格尔指出：“关于神学与哲学之关系，流俗的观点往往以信仰与知识，启示与理性的矛盾形式为定向。人们认为，哲学是远离启示的、无信仰的世界解释和生活解释；反之，神学则是合乎信仰的世界观和生活观的表达，在我们这里，就是基督宗教的世界观和生活观的表达。这样看来，哲学与神学便表达了两种世界观立场的张力和斗争。”[234] 海德格尔批评了这样一种哲学-神学观的非科学性，断言：“这一关系并不是由科学论证裁定的，而是由世界观的确信和宣布的方式、规模和力量决定的。”[235] 因此，海德格尔要求把哲学与神学的关系理解为“两门科学的关系”：其中神学表达的是“整个此在的这一在信仰状态”的“生存形式”，而哲学所表达的则是“整个此在”的“自由的自我承当”的“生存形式”。它们是“不共戴天的敌人”。[236] 正是基于这样一种二元论，海德格尔宣布：“所以，并没有诸如一种基督宗教哲学这样的东西，这绝对是一个‘棘手的问题’。但也绝没有什么新康德主义神学、价值哲学的神学、现象学的神学等，正如绝没有一种现象学的数学。”[237] 从一定意义上，我们可以说海德格尔在这里是在用新瓶装旧酒，实质上是在以一种新的形式复辟传统的二元论的哲学-神学观。就反对世俗的和传统的二元论的哲学-神学观而论，一如吉尔松所指出的，托马斯早在13世纪就开展了这项工作。“按照托马斯本人的观点，神学与哲学的区别并不完全对应于信仰与理性的区别。”[238]事实上，托马斯也正是基于这样一种区别，才在西方思想史上第一次在启示神学之外另提出自然神学，才在《论存在者与本质》中坚持从经验到的作为事实存在的存在者出发逐步进展到作为纯粹存在的上帝，在《反异教大全》和《神学大全》中坚持从可以经验到的自然实体的偶性出发进行由果溯因的后天演绎的上帝存在的证明。值得注意的是，托马斯在批评流俗的和传统的二元论的哲学-神学观时，并没有从一个极端跳向另一个极端，他还是注重和强调哲学与神学的本质区别的。托马斯在对彼得·隆巴迪的《箴言四书》的评注的“引言”中就曾强调了它们之间的区别：“哲学是就事物的本身来考察事物的本性的，而神学则是就其与作为它们的根源和目的的上帝的关系来考察它们的。”[239]如果说海德格尔用“两种科学”、“两种生存形式”来区别哲学和神学对于流俗的和传统的二元论的哲学-神学观是一种创新的话，则托马斯早在13世纪就尝试过的对哲学与神学之间既相互区别又相互贯通的关系的探究和规定，无疑也同样是一种创新。而且，就托马斯本人来说，他也极大地得益于这样一种对哲学和神学关系的具有辩证意味的理解和处理。托马斯在西方基督宗教神学史上享有极其崇高的地位。罗马教宗在《永恒之父通谕》中感叹道：“大公会议是全球智慧之花盛开的地方。在历届大公会议上，都始终特别注意维护托马斯独享的荣誉。……但是，托马斯首要的和真正独享的荣誉，任何一个天主教博士都不能分享的荣誉，在于：在特伦特大公会议期间，神父们竟一致同意，将托马斯的《神学大全》，与《圣经》和至上教皇的教令一起，摆放在祭坛上，昭示它们乃人们寻求智慧、理性、灵感和各种答案的源泉。”“托马斯·阿奎那，作为所有经院博士的大师和帝王，却高高地矗立在他们所有人之上。”托马斯之所以能够“高高地矗立”在所有天主教神学家之上，他的著作《神学大全》之所以能够比肩《圣经》，其原因固然是多方面的，但若从理论层面看问题，最根本的却在于他是一位哲学智慧过人的基督宗教神学家，在于他的神学是“哲学家的神学”。换言之，托马斯之所以能够成为天主教世界里首屈一指的神学家，正在于他是天主教世界里首屈一指的哲学家。哲学与神学在托马斯这里，不仅不是“不共戴天的敌人”，反而是相互依存、相互贯通、相互补充、相互帮衬、相互推动的“朋友”。由此看来，“基督宗教哲学”是否可能的问题不仅是个理论问题，更多的还是一个实践问题。

至于基督宗教哲学家对“存在者何以存在”这一形而上学基本问题的追问的态度问题，也是有讨论余地的。应该说，海德格尔对基督宗教哲学家追问“存在者何以存在”这一形而上学基本问题的态度持怀疑立场不是没有缘由的。因为在那些自称基督宗教哲学家的学者中，究竟有多少能够像托马斯那样，真正具有哲学精神和形而上学情怀、始终将自己的思维定格在形而上学层次运行？且不要说基督宗教哲学家，即使就世俗哲学家而言，在海德格尔的眼里，在两千多年的西方哲学史上，究竟有几位能够像海德格尔那样追问“存在者何以存在而无反倒不存在”的呢？因此，海德格尔的问题，归根到底，是一个在基督宗教哲学家中迄今为止尚没有一位像海德格尔那样的哲学家问题。而这个问题其实与在世俗哲学家中迄今为止尚没有一个像海德格尔那样的哲学家是一个类型的问题。海德格尔批评基督宗教哲学家们在追问“存在者何以存在”之前就已经有了答案。一般而言，这也大体符合事实。但是，即便如此，我们也还是应当对问题作出具体分析。因为尽管人们对一个问题可能有一个共同的答案，但对答案的理解却未必完全相同。就上帝而言，我们既可以将其简单地理解成人格神和救世主，也可以将其理解成一个作为“纯粹活动”的“纯粹存在”。如果我们将上帝简单地理解人格神和救世主，则我们就很难据此成为一个哲学家，但倘若我们还进而将上帝理解成一个作为“纯粹活动”的“纯粹存在”，则我们或许因此便有望成为一个哲学家，而且还有望成为一个具有革新精神的哲学家。因为将终极实存理解为作为“纯粹活动”的“存在”不仅《圣经》里没有这样一种说法，13 世纪以前的哲学家中也没有一个人这样明确讲过和系统论证过。因此，像托马斯这样从自然实体这样一种作为事实存在的存在者出发，从存在者的存在与其本质的区别出发，由果溯因演绎出作为“纯粹活动”的纯粹存在或第一存在无疑是托马斯对“存在者何以存在”这样一个形而上学基本问题进行艰苦哲学思索的结果，离开了认真的追问态度和本真的哲学功夫，离开了对上帝存在的执著信仰，《论存在者与本质》是断然写不出来的。因此，如果用对哲学追问和神学信仰持“无所谓”的态度来描述托马斯，显然是有失偏颇的。其实，托马斯的作为纯粹活动的纯粹存在在哲学意涵方面与海德格尔的存在或能在也有相通之处，在一定意义上，我们不妨将海德格尔的“存在”或“此在”视为被打成碎片的托马斯的作为纯粹活动的第一存在，尽管在它们之间也存在某些重大的差别。至于在追问之前已经有了一定意义上的"答案",这不仅在哲学书写中是一件司空见惯的事情,即使在哲学追问活动中也并非一件完全不可理解的事情。伽达默尔在谈到"理解的历史性"时,曾经特别强调了"前见"的积极意义。他强调说:"一切理解都必然包含某种前见。"[240]然而,所谓前见,一如伽达默尔所说,就是"在一切对于事情具有决定性作用的要素被最后考察之前被给予的"东西,[241]而这样的东西,在一定意义上,也就是海德格尔所说的"答案"。然而,作为理解之前的"前见"与作为视界融合之结果的"后见"毕竟不是一回事。因此作为理解之前的"前见"也就只能在一定意义上被称作"答案"。鉴此,既然作为托马斯追问"存在者何以存在"之前见的上帝与作为追问"存在者何以存在"之后见的上帝并非一回事,如果说前者可能是作为人格神和救世主的神学家的上帝的话,后者则是作为纯粹活动的存在本身的哲学家的上帝。因此,如果那作为人格神和救世主的神学家的上帝被视为托马斯追问"存在者何以存在"的答案的话,那也只能在前见的意义上这么说,而不能在后见的意义上这么说。

如前所述,海德格尔曾经谴责基督宗教神学家和基督宗教哲学家使"存在"与"存在者"的关系变成了"创造"与"被创造"的关系。在海德格尔的所有批评中,这可以说是最为中肯、最有价值和最富破坏性的批评了。如前所述,按照托马斯在《论存在者与本质》中的观点,不仅存在者的存在必须藉作为存在本身的上帝才能获得,而且存在者的本质也只有藉作为存在本身的上帝才能转化为现实,这就将包括人在内的除上帝之外的所有存在者都放到了被创造的地位。既然如此,我们也就无法否定海德格尔的批评的中肯性。恩格斯在谈到中世纪意识形态的状况时，曾经深刻地指出："在中世纪，随着封建制度的发展，基督教成为一种同它相适应的、具有相应的封建等级制的宗教。……中世纪把意识形态的其他一切形式——哲学、政治、法学，都合并到神学中，使它们成为神学中的科目。"[242]既然按照海德格尔的存在论，"在世界之中存在(in-der-welt-sein)"是"此在的基本机制"，[243]则他对恩格斯的这段论述以及托马斯哲学的境域也就不难理解了。马克思在《经济学手稿(1857—1858年)》中，曾经在把人类社会的基本形态区分为"自然经济社会"、"商品经济社会"和"产品经济社会"的基础上，把人的主体性或主体间性的演变史描写成一个从"人的依赖关系"到"以物的依赖性为基础的人的独立性"再到"自由个性"。[244]现在，既然人类社会已经差不多走出了"自然经济"时代而步入了"商品经济"时代并开始憧憬"产品经济时代"，则强调"人的独立性"并开始憧憬"自由个性"就是一件比较自然的事情了。想必海德格尔的存在主义也正是在这样的历史大背景下产生出来的。在这样一种情势下，海德格尔对托马斯的存在论作出批评不仅是一件合理不过的事情，而且也是一件非常合乎时宜的事情。如上所述，在托马斯那里，对存在者之存在的追问最后指向了作为存在本身的上帝，而现当代哲学家则与时俱进，将对存在者之存在的追问最后指向了"主体性"。[245]一如海德格尔在谈到尼采的超人学说时所强调指出的："这另一种存在者之存在这时已经成了主体性——而这一点正标志着现代形而上学的开端。"[246]然而，这样一种"合乎时宜"的"主体性"在人类的当代生活中往往导致"形而上学的自我中心主义"、"人类中心主义"和"以人为中心的人道主义"，在很大程度上将人类带到了"文明的黄昏时分”。[247]这就向当代人类和当代哲学家提出了“重新认识你自己”的任务，提出了重新审视和评估中世纪哲学的任务，提出了恰当处置“信仰”与“自由的自我承当”这样两种“生存形式”的任务。人，作为此在，追求“自由的自我承当”的生存形式是一件自然的事情，也是一件令人惬意的事情，但人对“自由的自我承当”的生存形式的追求应当以人和人类的自知之明为基础，方能使人和人类的这样一种追求真正变成一种真正令人惬意的事情。人区别于物的地方仅仅在于他是一种作为面向无限而存在的有限的存在者，他虽然能够面向无限而存在，但他本身在任何情况下都不可能成为无限存在，成为无限的存在者，成为上帝。人和人类一旦忘记了这一点，他就将自己推向了万劫不复的深渊。正是在这个意义上，西方中世纪哲学，特别是托马斯的存在论或形而上学对于当代人类具有明显的警示意义。当代著名的过程哲学家怀特海(Alfred North Whitehead，1861—1947)曾经把科学和宗教称作“影响人类的两股最强大的力量”，并且断言：“当我们思考对于人类来说宗教和科学究竟是什么这个问题时，说历史的未来进程取决于我们这一代人怎样处理它们之间的关系，是毫不夸张的。”[248]当我们讨论当代人类的生存方式时，我们也不妨套用怀特海的话说：“信仰”与“自由的自我承当”是当代人类的两种基本的生存方式，说历史的未来进程取决于我们当代人类能否在正视自身乃一面向无限而在的有限存在者的基础上恰当处理它们之间的关系，是毫不夸张的。

段德智

2011 年 11 月 18 日于武昌珞珈山南麓

注释

〔1〕Cf. St. Thomas Aquinas, *On Being and Essence*, tr. by Armand Maurer, Toronto: Pontifical Institute of Mediaeval Studies, 1968, p. 8.

〔2〕Rousseau, *Du Contrat Social ou Principes du droit Politique*, in *Ouvres Complètes*, 2, Paris: Seuil, 1971, p. 518.

〔3〕Martin Heidegger, *Einführung in die Metaphysik*, Tübingen: Niemeyer, 1987, pp. 25, 66, 57.

〔4〕黑格尔:《哲学史讲演录》第1卷,贺麟、王太庆译,北京:商务印书馆,1981年,第267页。

〔5〕尽管一些英美学者,如博纳特(J. Burnet)等,坚持以实在论进路来解释巴门尼德的存在概念,但我们还是认为以观念论进路和语义学进路来解释巴门尼德的存在概念更为贴近巴门尼德的文本。

〔6〕参阅《西方哲学原著选读》上卷,北京:商务印书馆,1981年,第31页。

〔7〕同上。

〔8〕同上书,第32页。

〔9〕也有人将柏拉图的理念论称作"相论"、"型论"或"形论"。陈康曾极力主张使用"形论"这个术语。他曾强调说:"柏拉图之主要思想可名之为'形论'。此所谓'形',在希腊文为idea, eidos(旧译为'观念'、'概念'、'理型',以及近来愈不可解之'理念'等等皆误,今译为'形'。)"见《陈康:论希腊哲学》,北京:商务印书馆,1995年,第3页。

〔10〕柏拉图:《国家篇》,535E。

〔11〕参阅黑格尔:《哲学史讲演录》第2卷,贺麟、王太庆译,北京:商务印书馆,1981年,第199页。

〔12〕柏拉图:《巴门尼德篇》,133E—134A。

〔13〕 Martin Heidegger, *Einführung in die Metaphysik*, pp. 25, 66, 57.

〔14〕 西塞罗:《杜斯古里问题》,第 5 卷,第 4 章。转引自黑格尔:《哲学史讲演录》第 2 卷,第 43 页。

〔15〕 尼采:《偶像的黄昏》,李超杰译,北京:商务印书馆,2009 年,第 23、36 页。

〔16〕 同上书,第 21—22 页。

〔17〕 Martin Heidegger, *Einführung in die Metaphysik*, p. 27.

〔18〕 Ibid., p. 28.

〔19〕 Ibid., pp. 37—38.

〔20〕 Ibid., p. 94.

〔21〕 Ibid., p. 92.

〔22〕 Ibid., p. 142.

〔23〕 Ibid.

〔24〕 Ibid., p. 143.

〔25〕 Ibid.

〔26〕 Ibid, p. 92.

〔27〕 Ibid., p. 129.

〔28〕 Ibid., p. 203.

〔29〕 Ibid., p. 156.

〔30〕 Ibid., pp. 91—92.

〔31〕 Ibid., p. 92.

〔32〕 Ibid.

〔33〕 Ibid., p. 144.

〔34〕 亚里士多德:《形而上学》,1003a20。

〔35〕 参阅亚里士多德:《形而上学》,1031b20、1032a5、1028a10—16。

〔36〕 E. Gilson, *History of Christian Philosophy in the Middle Ages*,

New York: Random House, 1955, p. 185.

〔37〕 Ibid.

〔38〕 Ibid.

〔39〕 转引自[伊拉克]穆萨·穆萨威:《阿拉伯哲学》,张文建、王培文译,北京:商务印书馆,1997年,第82页。

〔40〕 E. Gilson, *History of Christian Philosophy in the Middle Ages*, p. 206.

〔41〕 Arthur Hyman and James J. Walsh ed., *Philosophy in the Middle Ages*, Indianapolis: Hackett Publishing Company, 1973, p. 252.

〔42〕 阿维森纳:《形而上学》,I,6,维尼斯,1508年,72rb页以下。

〔43〕 Cf. St. Thomas Aquinas, *On Being and Essence*, p. 8.

〔44〕 参阅M. D. 罗兰—戈色林:《圣托马斯·阿奎那的〈论存在者与本质〉》,巴黎:勒·绍尔夏,1926年,第150—156页。

〔45〕 亚里士多德:《天地篇》,I,5,271b8—13。

〔46〕 阿维森纳:《形而上学》,I,6,72rb页以下。

〔47〕 Cf. Martin Heidegger, *Einführung in die Metaphysik*, p. 65.

〔48〕 Ibid.

〔49〕 托马斯·阿奎那:《〈箴言四书〉注》,I,第23章,问题1,款1;曼德纳特编,I,第555页。

〔50〕 亚里士多德:《形而上学》,1036a5—8。

〔51〕 Martin Heidegger, *Einführung in die Metaphysik*, p. 1.

〔52〕 W. Barrett, *Irrational Man: A Study in Existential Philosophy*, New York: Doubleday, 1962, pp. 120—121.

〔53〕 Ibid., p. 121.

〔54〕 托马斯·阿奎那:《论存在者与本质》,"引言"。

〔55〕 亚里士多德:《物理学》,I,1,184a22—b9。

〔56〕参阅亚里士多德:《分析后篇》,I,1—2,71a—72b4;《形而上学》,Ⅶ,3,1029b1—7。

〔57〕Thomae de Aquino, *Summa Theologiae*, Ia, Q. 84, a. 6.

〔58〕Ibid.

〔59〕Ibid., Ia, Q. 79, a. 2.

〔60〕Ibid., Ia, Q. 85, a. 1.

〔61〕亚里士多德:《形而上学》,V,7,1017a22—24。

〔62〕参阅亚里士多德:《正位篇》,103b21—24。

〔63〕亚里士多德:《形而上学》,V,7,1017a24—28。

〔64〕同上书,V,7,1017a32—35。

〔65〕St. Thomas Aquinas, *Commentary on the Metaphysics of Aristotle*, tr. by John P. Rowan, Chicago: Henry Regnery Company, p. 347.

〔66〕Thomae de Aquino, *Summa Theologiae*, Ia, Q. 48, a. 2.

〔67〕Ibid.

〔68〕托马斯·阿奎那:《论存在者与本质》,第1章,第1节。

〔69〕同上书,第1章,第2节。

〔70〕阿维洛伊:《〈形而上学〉注》,V,第14章,55va56以下。

〔71〕亚里士多德:《范畴篇》,2a11—17。

〔72〕Thomae de Aquino, *Summa Contra Gentiles*, I, cap. 25, § 9.

〔73〕托马斯·阿奎那:《论存在者与本质》,第1章,第4节。

〔74〕Thomae de Aquino, *Summa Contra Gentiles*, I, cap. 25, § 10.

〔75〕参阅托马斯·阿奎那:《论存在者与本质》,第1章,第4节。

〔76〕同上。

〔77〕柏拉图:《理想国》,508C、517B;《斐德罗篇》,247C。

〔78〕阿维洛伊:《〈形而上学〉注》,V,第14章,55va56以下。

〔79〕参阅托马斯·阿奎那:《论存在者与本质》,第1章,第1节。

〔80〕参阅托马斯·阿奎那:《论存在者与本质》,第1章,第2节。

〔81〕参阅段德智:《阿奎那的本之学说对亚里士多德的超越及其意义》,《哲学研究》2006年第8期,第59—60页。

〔82〕同上文,第61—63页。

〔83〕托马斯·阿奎那:《论存在者与本质》,第1章,第4节。

〔84〕同上。

〔85〕同上书,第2章,第1节。

〔86〕托马斯·阿奎那:《论存在者与本质》,第2章,第1节。

〔87〕同上。

〔88〕同上。

〔89〕同上。

〔90〕同上。

〔91〕St. Thomas Aquinas, *Commentary on the Metaphysics of Aristotle*, p. 499.

〔92〕Ibid., p. 556.

〔93〕托马斯·阿奎那:《论存在者与本质》,第2章,第1节。

〔94〕同上。

〔95〕同上书,第2章,第3节。

〔96〕波爱修:《〈范畴篇〉注》,I,"论实体"。参阅罗兰—戈色林:《圣托马斯·阿奎那的〈论存在者与本质〉》(巴黎,1948年),第8页。

〔97〕参阅罗兰—戈色林:《圣托马斯·阿奎那的〈论存在者与本质〉》,巴黎,1948年,第8页。

〔98〕参阅波爱修:《波尔费留〈引论〉注释》,I,11。

〔99〕阿维森纳:《形而上学》,V,5,90ra以下。

〔100〕参阅欧文斯:《基督宗教形而上学入门》,米尔沃克,1963年,第147—148页。

〔101〕 托马斯·阿奎那:《论存在者与本质》,第2章,第3节。

〔102〕 同上。

〔103〕 参阅圣托马斯:《〈箴言四书〉注》第1卷,d. 23,q. 1,a. 1;曼德纳特编,I,第555页。圣托马斯:《论感觉与感性》,第10讲;《托马斯·阿奎那全集》,纽约,1949年,20,第171页。

〔104〕 亚里士多德:《形而上学》,1033b20—1034a10。

〔105〕 参阅段德智:《试论阿奎那的本质特殊学说及其现时代意义》,《哲学动态》2006年第8期,第33—34页。

〔106〕 托马斯·阿奎那:《论存在者与本质》,第2章,第4节。

〔107〕 同上。

〔108〕 同上书,第2章,第5节。

〔109〕 同上书,第2章,第14节。

〔110〕 同上书,第2章,第10节。

〔111〕 同上书,第2章,第7节。

〔112〕 Thomae de Aquino, *Summa Theologiae*, Ia, Q. 3, a. 3.

〔113〕 Ibid., Ia, Q. 29, a. 2.

〔114〕 参阅段德智、赵敦华:《试论阿奎那特指质料学说的变革性质及其神哲学意义——兼论 materia signata 的中文翻译》,《世界宗教研究》2006年第6期,第92—101页。

〔115〕 参阅段德智:《试论阿奎那的本质特殊学说及其现时代意义》,《哲学动态》2006年第8期,第34页。

〔116〕 托马斯·阿奎那:《论存在者与本质》,第3章,第8节。

〔117〕 Thomae de Aquino, *Summa Theologiae*, Ia, Q. 85, a. 1.

〔118〕 Ibid.

〔119〕 贝桑松的嘉兰度(Garlandus of Besançon,约1080—1149)曾强调殊相的实在性,而仅仅把属相和种相理解成“语词”。贡比涅的罗色林

(Roscelinus,约 1050—1125)比他更进一步,宣称属相和种相不仅是一种“语词”,而且是一种“声响”(flatus vocis)。这样一来,他就进而把唯名论转换成了一种“唯声论”了。

〔120〕托马斯·阿奎那:《论存在者与本质》,第 2 章,第 9 节。

〔121〕同上。

〔122〕同上。

〔123〕同上。

〔124〕托马斯·阿奎那:《论存在者与本质》,第 2 章,第 9 节。

〔125〕同上。

〔126〕同上。

〔127〕托马斯·阿奎那:《论存在者与本质》,第 2 章,第 10 节。

〔128〕同上书,第 2 章,第 14 节。

〔129〕同上。

〔130〕同上。

〔131〕同上书,第 3 章,第 2 节。

〔132〕同上书,第 3 章,第 8 节。

〔133〕同上书,第 3 章,第 2 节。

〔134〕同上书,第 3 章,第 3 节。

〔135〕同上书,第 3 章,第 8 节。

〔136〕同上书,第 4 章,第 1 节。

〔137〕Thomae de Aquino, *Summa Theologiae*, Ia, Q. 75, a. 1.

〔138〕托马斯·阿奎那:《论存在者与本质》,第 4 章,第 1 节。

〔139〕Cf. Collette Sirat, *A History of Jewish Philosophy in Middle Ages*, Cambridge University Press, 1985, p. 73.

〔140〕Ibid., p. 74.

〔141〕参阅赵敦华:《基督教哲学 1500 年》,北京:人民出版社,1995

年,第424页。

〔142〕托马斯·阿奎那:《论存在者与本质》,第4章,第1节。

〔143〕同上。

〔144〕同上书,第4章,第3节。

〔145〕同上。

〔146〕同上书,第4章,第4节。

〔147〕同上。

〔148〕托马斯·阿奎那:《论存在者与本质》,第4章,第4节。

〔149〕阿维森纳:《形而上学》,V,5,90ra以下。参阅圣托马斯:《神学大全》,I,50,4;《反异教大全》,Ⅱ,93。

〔150〕托马斯·阿奎那:《论存在者与本质》,第4章,第5节。

〔151〕Thomae de Aquino, *Summa Theologiae*, Ia, Q.. 50, a. 4.

〔152〕Ibid., Ia, Q.. 75, a. 1.

〔153〕Ibid., Ia, Q.. 75, a. 2.

〔154〕Ibid., Ia, Q.. 50, a. 5.

〔155〕Ibid., Ia, Q.. 50, a. 6.

〔156〕托马斯·阿奎那:《论存在者与本质》,第4章,第9节。

〔157〕Thomae de Aquino, *Summa Theologiae*, Ia, Q. 75, a. 7.

〔158〕Ibid., Ia, Q. 3, a. 1,. a. 2, a. 3, a. 4, a. 5, a. 6, a. 7, a. 8, a. 9.

〔159〕参阅托马斯·阿奎那:《论存在者与本质》,第4章,第1节。

〔160〕《道德经》,第1章。

〔161〕托马斯·阿奎那:《论存在者与本质》,第6章,第1节。

〔162〕同上书,第6章,第3节。

〔163〕托马斯·阿奎那:《论存在者与本质》,第6章,第6节。

〔164〕St. Thomas Aquinas, *Commentary on the Metaphysics of Aristotle*, p. 854.

〔165〕托马斯·阿奎那:《论存在者与本质》,第 6 章,第 2 节。

〔166〕同上书,第 6 章,第 1 节。

〔167〕同上。

〔168〕同上书,第 6 章,第 2 节。

〔169〕Thomae de Aquino, *Summa Theologiae*, Ia, Q. . 28, a. 2.

〔170〕参阅托马斯·阿奎那:《论存在者与本质》,第 4 章,第 5 节。

〔171〕参阅托马斯·阿奎那:《论存在者与本质》,第 4 章,第 5 节。

〔172〕同上。

〔173〕同上。

〔174〕同上。

〔175〕同上。

〔176〕同上书,第 4 章,第 7 节。

〔177〕同上。

〔178〕同上书,第 4 章,第 6 节。

〔179〕同上。

〔180〕同上。

〔181〕同上书,第 4 章,第 3 节。

〔182〕同上书,第 4 章,第 6 节。

〔183〕同上书,第 5 章,第 3 节。

〔184〕同上。

〔185〕同上。

〔186〕Thomae de Aquino, *Summa Contra Gentiles*, I, cap. 28, 1.

〔187〕Ibid. , I, cap. 28, 2.

〔188〕Thomae de Aquino, *Summa Theologiae*, Ia, Q. 4, a. 2.

〔189〕Ibid.

〔190〕Ibid.

〔191〕 Thomas Aquinas, *On Spiritual Creatures*, pp. 52—53.

〔192〕 Thomae de Aquino, *Summa Contra Gentiles*, I, cap. 22, 7.

〔193〕 Thomae de Aquino, *Summa Theologiae*, Ia, Q. 25, a. 1.

〔194〕 Thomae de Aquino, *De Potentia Dei*, Q. 7, a. 2.

〔195〕 St. Thomas Aquinas, *On Being and Essence*, tr. by Armand Maurer, pp. 18—19.

〔196〕 G. B. Phelan, Select Papers, Toronto, 1967, p. 77.

〔197〕 Etienne Gilson, *History of Christian Philosophy in the Middle Ages*, p. 365.

〔198〕 参阅威廉·巴雷特:《非理性的人——存在主义哲学研究》,段德智译,陈修斋校,上海:上海译文出版社,2007 年,第 110 页。

〔199〕 St. Thomas Aquinas, *On Being and Essence*, tr. by Armand Maurer, p. 18.

〔200〕 托马斯·阿奎那:《论存在者与本质》,"结论"。

〔201〕 Cf. St. M. Gillet, Thomas d'Aquin, Paris, 1949, pp. 67—68.

〔202〕 Etienne Gilson, "La prevue du De ente et essebtia", *Acta* Ⅲ *Congresus Thomistici Internationalis*: *Doctor Communis*, 3, Turin, 1950, pp. 257—260.

〔203〕 Thomae de Aquino, *Summa Contra Gentiles*, I, cap. 13, 3.

〔204〕 Ibid.

〔205〕 Ibid., I, cap. 13, 33.

〔206〕 Thomae de Aquino, *Summa Theologiae*, Ia, Q. 2, a. 3.

〔207〕 托马斯·阿奎那:《论存在者与本质》,"引言",第 2 节。

〔208〕 Thomae de Aquino, *Summa Theologiae*, Ia, Prologus.

〔209〕 Cf. M. D. Chenu, *Toward Understanding St. Thomas Aquinas*, tr. by A. M. Landry and D. Hughes, Chicago, p. 330.

〔210〕 Anthony Kenny (ed.), *Aquinas: a Collection of Critical Essays*, London: University of Notre Dame Press, 1969, p. 1.

〔211〕 Ibid.

〔212〕 E. Gilson, *The Christian Philosophy of St. Thomas Aquinas*, tr. by L. K. Shook, Indiana: University of Notre Dame Press, 2002, pp. 7—8, 29.

〔213〕 Ibid., pp. vii—viii.

〔214〕 Etienne Gilson, *History of Christian Philosophy in the Middle Ages*, p. 365.

〔215〕 Ibid.

〔216〕 E. Gilson, *The Christian Philosophy of St. Thomas Aquinas*, pp. 29, vii, 44.

〔217〕 Ibid., p. vii.

〔218〕 Etienne Gilson, *History of Christian Philosophy in the Middle Ages*, p. 365.

〔219〕 E. Gilson, *The Christian Philosophy of St. Thomas Aquinas*, pp. 444, 29.

〔220〕 Ibid., p. 29.

〔221〕 罗素:《西方哲学史》上卷,何兆武、李约瑟译,北京:商务印书馆,1981年,第561页。

〔222〕 同上书,第569页。

〔223〕 同上书,第562、561页。

〔224〕 E. Gilson, *The Christian Philosophy of St. Thomas Aquinas*, p. 8.

〔225〕 Ibid., p. 29.

〔226〕 Etienne Gilson, *History of Christian Philosophy in the Middle Ages*, p. 365.

〔227〕Martin Heidegger, *Einführung in die Metaphysik*, p. 6.

〔228〕Ibid.

〔229〕Ibid.

〔230〕Ibid.

〔231〕Ibid., p. 80.

〔232〕Ibid., p. 103.

〔233〕Ibid., p. 147.

〔234〕海德格尔:《现象学与神学》,《海德格尔选集》下卷,孙周兴选编,上海:上海三联书店,1996年,第733页。

〔235〕同上。

〔236〕同上书,第750—751页。

〔237〕同上书,第751页。

〔238〕E. Gilson, *The Christian Philosophy of St. Thomas Aquinas*, p. 9.

〔239〕Ibid.

〔240〕伽达默尔:《真理与方法》上卷,洪汉鼎译,上海:上海译文出版社,1992年,第347页。

〔241〕同上。

〔242〕《马克思恩格斯选集》,第4卷,北京:人民出版社,1995年,第255页。

〔243〕海德格尔:《存在与时间》,陈嘉映、王庆节译,熊伟校,北京:三联书店,1987年,第65页。

〔244〕参阅马克思:《经济学手稿(1857—1858年)》,见《马克思恩格斯全集》第46卷上册,北京:人民出版社,1979年,第104页。

〔245〕海德格尔:《尼采的话"上帝死了"》,《海德格尔选集》下卷,第798页。

〔246〕同上书,第808页。

〔247〕参阅段德智:《主体生成论——对“主体死亡论”之超越》,北京:人民出版社,2009 年,第 243—247 页。

〔248〕Alfred North Whitehead, *Science and the Modern World*, New York: The Macmillan Company, 1925, p. 180.

附录二

人名外中文对照表

（以外文字母为序）

Albertus Magnus / Albert, St. ,大阿尔伯特 / 圣阿尔伯特

Albertson, J. A. ,J. A. 艾伯森

Alexander of Hales,黑尔斯的亚历山大

Al-Farabi,阿尔法拉比

Amaury of Bène,伯内的阿茂里

Anderson, J. F. ,J. F. 安德森

Anselm / Anselmus,安瑟尔谟

Aquino, Thomae de / Aquinas, Thomas / Thomas d'Aquin / Thomas von Aquina / Thomae Aquinatis,托马斯·阿奎那

Aristoteles (Philosophus)/ Aristotle (Philosopher),亚里士多德(哲学家)

Augustinus / Augustine,奥古斯丁

Averroe(Commentator) / Ibn Rushd / Averroes(Commentator),阿维洛伊(评注家)

Avicebron / Avecebrol / Ibn Gebirol,阿维斯布朗

Avicenna / Ibn Sina,阿维森纳

Bacon, Roger,罗吉尔·培根

Bacumker, G. . ,G. 巴库克

Bardenhewer, O. ,O. 巴登休尔

Barrett, W. ,W. 巴雷特

Baur, L. ,L. 鲍尔

Blanche, F. A. ,F. A. 布兰奇

Bobik, J. ,J. 伯比克

Boethius,波爱修

Bonaventura / Bonaventure, 波那文都

Bourke, V. ,V. 布尔克

Brosch, H. ,H. 布罗西

Capelle, G. C. ,G. C. 开普勒

Chenu, M. D. ,M. D. 切奴

Collins, J. ,J. 考林斯

Commentator (Averroe) / Commentator (Averroes),评注家(阿维洛伊)

Dionysius,狄奥尼修斯

Eschmann, I. T. ,I. T. 埃士曼

Fabro, L. B. ,L. B. 法布罗

Finance, J. de,J. 德・菲南斯

Fishacre, Robert,罗伯特・费莎克勒

Geiger, L. B. ,L. B. 盖格

Gerard of Abbeyville,阿贝伊维叶的杰勒德

Gillet, M. ,M. 盖勒特

Gilbert of Poitiers,普瓦提耶尔的吉尔伯特

Gilson, E. ,E. 吉尔松

Goichon, A. M. ,A. M. 郭依空

Grabmann, M. ,M. 格拉布曼

Häring, N. ,N. 哈林

Hayen, A. ,A. 哈岩

Heidegger, M. ,M. 海德格尔

Henle, R. ,R. 亨利

Hook, S. ,S. 胡克

John of Rupella,鲁普拉的约翰

Kendzierski, L. ,L. 肯基雅斯基

Kilwardby, Robert,罗伯特・基尔瓦尔德比

Kleincidam, E. ,E. 克兰西丹

Klubertanz, G. P. , G. P. 克鲁伯坦茨

Lombardus, Petrus / Peter Lombard,彼得・隆巴迪

Lottin, O. ,O. 罗廷

Lynch, L. ,L. 林奇

Mandonnet, P. ,P. 曼德纳特

Maritain, J. ,J. 马利坦

Marcel, G. ,G. 马塞尔

Mascall, E. ,E. 马斯卡尔

附录三

人名中外文对照表

（以汉语拼音字母为序）

大阿尔伯特 / 圣阿尔伯特，Albertus Magnus / Albert, St.

阿奎那，托马斯，Aquino, Thomae de / Aquinas, Thomas / Thomas d'Aquin / Thomas von Aquina / Thomae Aquinatis

伯内的阿茂里，Amaury of Bène

阿维洛伊（评注家），Averroe（Commentator） / Ibn Rushd / Averroes（Commentator）

阿维森纳，Avicenna/Ibn Sina

阿维斯布朗，Avicebron/Avecebrol / Ibn Gebirol

艾伯森，J. A.，Albertson, J. A.

埃士曼，I. T.，Eschmann, I. T.

安德森，J. F.，Anderson, J. F.

安瑟尔谟，Anselmus / Anselm

奥古斯丁，Augustinus / Augustine

巴登休尔，O.，O. Bardenhewer

巴库克，G.，G. Bacumker

巴雷特，W.，Barrett, W.

巴门尼德，Parmenidēs / Parmenides

鲍尔，L.，Baur, L.

塔兰塔斯耶的彼得，Peter of Tarantasia

波爱修，Boethius

波那文都，Bonaventura / Bonaventure

柏拉图，Platō / Plato

柏拉图派，Platōnicus / Platonists

伯比克，J.，Bobik, J.

布尔克，V.，Bourke, V.

布兰奇，F. A.，Blanche, F. A.

附录四

著作名外中文对照表

（以外文字母为序）

Alexander of Hales' Theology of the Hypostatic Union,《黑尔斯的亚历山大的实体联合神学》(普林西普)

A Metaphysics of Authentic Existentialism,《本真的存在形而上学》(斯维尼)

Analytica Posteriora / Posteriorior Analytics,《分析后篇》(亚里士多德)

An Elementary Christian Metaphysics,《基督宗教形而上学入门》(欧文斯)

A Preface to Metaphysics,《形而上学引论》(马里坦)

Aquina's Search for Wisdom,《阿奎那的智慧寻求》(伯克)

Aristotle's Metaphysics,《亚里士多德的形而上学》(罗斯)

Autour du décret de 1210. Ⅲ: Amaury de Bène,《1210 年教谕之三：伯纳的阿茂里》(开普勒)

Being and Some Philosophers,《存在与一些哲学家》(吉尔松)

Beiträge zur Geschichte der Philosophie des Mittelaiters,《论中世纪的哲学精神》(巴库克)

Contra Gentiles,《反异教大全》(托马斯·阿奎那)

Das Problem der hylomorphen Zusammensetzung der geistigen Substanzem im 13. Jahrhundert,《13

世纪托马斯·阿奎那所处理的精神实体质形组合难题》(克兰西丹)

De Anima / On the Soul,《论灵魂》(亚里士多德,阿维斯布朗,阿维森纳)

De Animal. Histor. / Historia Animalium,《动物志》(亚里士多德)

De Animalibus,《论动物》(亚里士多德)

De Caeli et Mundi,《天地篇》(亚里士多德)

De Duabus Naturis,《论两种本性》(波爱修)

De Ente et Essentia,《论存在者与本质》(托马斯·阿奎那)

De Hebdomadibus,《七公理论》(波爱修)

De Malo,《论恶》(托马斯·阿奎那)

De Partibus Animalium / On the Parts of Animals,《动物分类学》(亚里士多德)

De Potentia,《论上帝的力量》(托马斯·阿奎那)

Der Seinsbergriff bei Boethius,《论波爱修的存在观念》(布罗西)

De Sensu,《论感觉》(亚里士多德)

De Spiritualibus Creaturis,《论精神受造物》(托马斯·阿奎那)

De Substantiis Separatis,《论独立实体》(托马斯·阿奎那)

De Substantiis Separatis, seu De Angelarum Natura,《论独立实体,或论天使的本性》(托马斯·阿奎那)

De Trinitate,《论三位一体》(奥维涅的威廉)

De Unitate Intellectus contra Averroistas Parisienses,《论独一理智——反对巴黎阿维洛伊派》(托马斯·阿奎那)

De Veritate,《真理论》(托马斯·阿奎那)

Die pseudo-aristotelische Schrift "Ueber das reine Gute" beannt unter dem Namen "Liber de Causis",《被认为是〈论原因〉的伪亚里士多德著作〈论纯善〉》(巴登休尔)

Elements of Christian Philosophy,《基督宗教哲学原理》(吉尔松)

Elements of Theology,《神学要旨》(普罗克鲁斯)

Aquin,《圣托马斯·阿奎那关于分有的形而上学概念》(法布罗)

La Philosophie d'Avicenne et son Influence en Europe médiévale,《阿维森纳的哲学及其对欧洲中世纪的影响》(郭依空)

Le "De Ente et Essentia" de S. Thomas d'Aquin,《圣托马斯·阿奎那:〈论存在者与本质〉》(罗兰—戈色林)

Le Thomisme,《托马斯主义》(吉尔松)

Lexique de la Langue Philosophique d'Ibn Sina (Avicenne),《伊本·西纳(阿维森纳)语言哲学汇编》(郭依空)

Liber Primus Communium Naturalium,《论第一共同本性》(罗吉尔·培根)

L'Intentionnel dans la Philosophie de Saint Thomas,《论圣托马斯哲学中的意向性概念》(黑文)

Libre de Persona et Duabus Naturis,《论位格与两种本性》(波爱修)

Libre de Causis / Book of Causes,《论原因》(伪亚里士多德)

L'Intentionnel dans la Philasophie de Saint Thomas,《圣托马斯哲学中的意向性》(哈岩)

Logica,《逻辑学》(阿维森纳)

Metaph. / Metaphysics,《形而上学》(亚里士多德,阿维森纳)

On Being and Essence: a Translation and Interpretation,《〈论存在者与本质〉译释》(鲍毕克)

Origins of the Thomistic Notion of Man,《托马斯主义的人的概念的起源》(佩吉斯)

Phys. /Physics,《物理学》(亚里士多德)

Quest. Disp. De Anima,《争辩论文集·论灵魂》(托马斯·阿奎那)

Saint Thomas and Analogy,《圣托马斯与类比》(费兰)

Saint Thomas and Platonism,《圣托马斯·阿奎那与柏拉图主义》(亨利)

Saint Thomas and the Future of Metaphysics,《圣托马斯与形而上学

未来》(欧文斯)

Sent. / Sententiis,《箴言四书》(彼得·隆巴迪)

St. Thomas Aquinas on Analogy,《圣托马斯·阿奎那论类比》(克卢伯坦茨)

St. Thomas Aquinas: On Being and Essence,《圣托马斯·阿奎那:〈论存在者与本质〉》(莫勒)

St. Thomas Aquinas: On the Truth of the Catholic Faith (Summa Contra Gentiles),《圣托马斯·阿奎那:论天主教信仰的真理(〈反异教大全〉)》(佩吉斯)

Sufficientiae,《充足之书》(阿维森纳)

Summa de Creaturis,《被造物大全》(大阿尔伯特)

Summa Theologiae,《神学大全》(大阿尔伯特,托马斯·阿奎那)

Summa Theologica,《神学大全》(黑尔斯的亚历山大)

The Bond of Being,《存在的粘连》(安德森)

The Christian Philosophy of St. Thomas,《圣托马斯的基督宗教哲学》(吉尔松)

The Doctrine of Being in the Aristotelian Metaphysics,《亚里士多德形而上学中的存在学说》(欧文斯)

The Christian Philosophy of St. Thomas Aquinas,《圣托马斯·阿奎那的基督宗教哲学》(吉尔松)

The Commentaries on Boethius by Gilbert of Poitiers,《波伊提尔的阿尔伯特波爱修著作评注》(哈林)

The Domain of Logic according to Saint Thomas Aquinas,《圣托马斯·阿奎那的逻辑域》(斯密特)

The Logic of Analogy,《类比的逻辑》(麦金纳尼)

The Thomistic Philosophy of the Angels,《托马斯的天使哲学》(柯林斯)

Thomas d'Aquin,《托马斯·阿奎那》(吉尔特)

Timaeus,《蒂迈欧篇》(柏拉图)

Topic. / Topics,《论题篇》(亚里士多德)

Toward Understanding St. Thomas,

《走向理解托马斯》(切奴)

William of Auxerre's Theology of the Hypostatic Union,《奥歇里的威廉的实体联合神学》(普林西普)

附录五

著作名中外文对照表

（以汉语拼音字母为序）

《阿奎那的智慧寻求》（伯克），Aquina's Search for Wisdom

《阿维森纳的哲学及其对欧洲中世纪的影响》（郭依空），La Philosophie d' Avicenne et son Influence en Europe médiévale

《奥歇里的威廉的实体联合神学》（普林西普），William of Auxerre's Theology of the Hypostatic Union

《被认为是〈论原因〉的伪亚里士多德著作〈论纯善〉》（巴登休尔），Die pseudo-aristotelische Schrift "Ueber das reine Gute" beannt unter dem Namen "Liber de Causis"

《被造物大全》（大阿尔伯特），Summa de Creaturis

《本真的存在形而上学》（斯维尼），A Metaphysics of Authentic Existentialism

《波爱修〈论三位一体〉注》（托马斯·阿奎那），In Boeth. De Trinitate

《波菲利〈引论〉注》（波爱修），In Isag. Por.

《波伊提尔的阿尔伯特波爱修著作评注》（哈林），The Commentaries on Boethius by Gilbert of Poitiers

《充足之书》（阿维森纳），Sufficientiae

《存在的粘连》（安德森），The Bond

of Being

《存在与类比》(马斯卡尔),Existence and Analogy

《存在与一些哲学家》(吉尔松),Being and Some Philosophers

《存在与存在者》(马里坦),Existence and the Existent

《蒂迈欧篇》(柏拉图),Timaeus

《动物分类学》(亚里士多德),De Partibus Animalium / On the Parts of Animals

《动物志》(亚里士多德),De Animal. Histor. / Historia Animalium

《对〈论原因〉的解说》(托马斯·阿奎那), Expositio super Librum de Causis

《反异教大全》(托马斯·阿奎那),Contra Gentiles

《非理性的人》(巴雷特),Irrational Man

《分析后篇》(亚里士多德),Analytica Posteriora / Posteriorior Analytics

《〈分析后篇〉注》(托马斯·阿奎那),In Post Anal.

《黑尔斯的亚历山大的实体联合神学》(普林西普),Alexander of Hales' Theology of the Hypostatic Union

《基督宗教形而上学入门》(欧文斯),An Elementary Christian Metaphysics

《基督宗教哲学原理》(吉尔松),Elements of Christian Philosophy

《〈解释篇〉注》(托马斯·阿奎那),In Perihermenias

《类比的逻辑》(麦金纳尼),The Logic of Analogy

《论波爱修的存在观念》(布罗西),Der Seinsbergriff bei Boethius

《论存在者与本质》(托马斯·阿奎那),De Ente et Essentia

《〈论存在者与本质〉译释》(鲍毕克),On Being and Essence: a Translation and Interpretation

《论第一共同本性》(罗吉尔·培根),Liber Primus Communium Nat-

《箴言四书》(彼得·隆巴迪),Sent. / Sententiis

《〈箴言四书〉注》(大阿尔伯特,托马斯·阿奎那,波那文都),In Sent.

《争辩论文集·论灵魂》(托马斯·阿奎那),Quest. Disp. De Anima

《中世纪基督宗教哲学史》(吉尔松),History of Christian Philosophy in the Middle Ages

《走向理解托马斯》(切奴),Toward Understanding St. Thomas

附录六

主要术语外中文对照表

（以外文字母为序）

abstractio/abstraction，抽象

accidens/accidents，偶性

accidens superveniens/the supervening accident，附着他物的偶性

actus primus et purus/the primary and pure act，原初纯粹活动

additio differentiae/the addition of a difference，种差的附加

affirmativa propositio/an affirmative proposition，肯定命题

angelus/angel，天使

anima (humana)/soul (human)，灵魂（人的）

anima humana/human soul，人的灵魂

anima intellectualis/the intellectual soul，理智灵魂

animal/animal，动物

animalitas/animality，动物性

aptitudo/aptitude，倾向

apprehensio/perception，知觉

bipes/biped，两足动物

causa/cause，原因

causa prima/the first cause，第一因

cecitas/blindness，盲

certitudo/determination，certitude，确定性

cognitio/knowledge，认识

cognitionis principium/a principle of knowledge，认识原则

color/color，颜色

communitas/community，共同性

completa essentia/a complete essence,完全的本质

completa ratio essentiae/the complete nature of an essence,本质的完全形态

composita/composite things,复合事物

consummatio/fulfillment,圆满

corpus/body,物体

decem genera/ten categories,十范畴

deus/God,上帝

diaphaneitas/transparency,透明

differentia/difference,种差

differentia constitutiva/the constitutive difference,建构性种差

differentia simplex/the simple difference,单纯种差

diffinitio/definition,定义

dispositio substantiae/the disposition of substance,实体的倾向

diversitas principiorum/the diversity of the principles,原则的多样性

ens/a being,存在者

ens completum/a complete being,完全的存在者

ens entis/a being of a being,存在者的存在者

esse/to be, being,存在

esse commune/common being,公共存在

essentia/essence,本质

essentia hominis/the essence of man,人的本质

esse secundum/a secondary being,次级存在

esse sensibile/sensible being,感性存在

esse subsistens/subsistent being,自存在的存在

esse tantum/pure being,纯粹存在

esse universale/universal being,普遍存在

finis simplicitatis/absolutely simple,绝对单纯性

forma/form,形式

forma corporalis/corporeal form,形体形式

forma determinata/a definite form,确定的形式

forma generalis/a general form,一般

形式

forma impressa in materia/a form impressed on matter，印在质料上的形式

forma partis/form of the part，部分形式

forma specialis/a special form，特殊形式

forma substantialis/a substantial form，实体的形式

forma totius/form of the whole，整体形式

forma accidentalis/accidental form，偶性的形式

formas sensibilis/sensible form，感性形式

forma materialis/material form，物质事物的形式

genus/genus，属相

genus primum/primary genus，原初属相

gradus perfectionis/degrees of perfection，完满性等级

hoc os et haec caro/this particular bone and this particular flesh，这根骨头和这块肌肉

homo/man，人

humanitas/humanity，人性

immaterialitas/immateriality，非物质性

indeterminatio/indetermination，非限定性

individuatio animarum/individuation of soul，灵魂的个体化

individuatio/individuation，个体化

individuationis principium/principle of individuation，个体化原则

individuum/an individual，个体

intellectualitas/intellectuality，理智性

intellectus/intellect，理智

intellectus possibilis/the possible intellect，可能理智

intellectus tertius/a third concept，第三个概念

intelligentia (angeli)/intelligences (angel)，灵智(天使)

intelligere/understanding，理解活动

intelligibilitas/intelligibility，可理解性

intentio/intention，意念

intentio, ratio/notion，概念

intentiones logicae/logical notions，逻辑概念

intentiones universales logicae/the universal concepts of logic，逻辑的普遍概念

ipsum esse/being itself，存在本身

materia/matter，质料

materia corporalis/corporeal matter，形体质料

materia determinata/a definite matter，确定的质料

materia non signata/undesignated matter，泛指质料

materia prima/primary matter，原初质料

materia signata/designated matter，特指质料

motus, motio /movement，运动

multiplex esse/a multiple being，多重存在

multiplicatio/multiplication，复多性

nasi curvitas/a snub nose，狮子鼻

natura/nature，本性

natura/nature，自然

natura humana/human nature，人的本性

natura simplex/simple nature，单纯本性

natura intellectiva/an intellectual nature，理智本性

natura sensitiva/a sensitive nature，感觉本性

natura participata/the participated natures，分有的本性

negatio/negation，否定

nobilitas/excellence，卓越性

omnes perfectiones/all perfections，全整完满性

operatio/operation，运作

os et caro absolute/absolute bone and flesh，绝对的骨和肉

ousia /essence，本质

participatio/participation，分有

perfectio/perfection，完满性

phoenix/a phoenix，不死鸟

pluralitas/plurality，多

posterius/what is posterior,经验事物

potentia/pothecy,潜在

potentialitas/potentiality,潜在性

praecisio/precision,精确

praedicamentum/category,范畴

praedicamentum substantiae/the category of substance,实体范畴

praedicatio/predication,述说

primum ens/the first being,第一存在

quae primo intellectu concipiuntur/the first conceptions of the intellect,原初理智概念

primum principium/the first principle,第一原则

principium/principle,原则

principium differentiae/the principle of the difference,种差的原则

prior/what is prior,先验事物

privateo/privation,缺乏

propria forma/a special form,特定的形式

propria passio/property,固有属性

quiditas/quiddity,实质

quo est/what it is,其所是

quod est/that which is,是这个

quod quid erat esse/whatness of a thing,一件事物的其所是

ratio universalis/the notion of universal,普遍概念

rationalitas/rationality,理性

res tertia/a third entity,第三样东西

sensus/sense,感觉

similitudo/likeness,类似(性)

simplices quiditates/simple quidities,单纯实质

simplicitas/simplicity,单纯性

simplices/simple things,单纯事物

species/species,种相

species intellecta particularis/a particular apprehended likeness,特殊的被理解的种相

subiectum/subject,主体

subsisto/susist,独立存在

substantia/substances,实体

substantia intelligens/intellectual substance,理智实体

substantia prima simplex/the primary and simple substance,第一单纯实体

substantiae compositae/composite substances,复合实体

substantia immaterialis/innaterial substance,非物质实体

substantia naturalis/natural substance,自然实体

substantia creata intellectualis/created intellectual substance,受造的理智实体

substantia sensibilis/sensible substances,感性实体

substantia separata/separate substances,独立实体

substantia simplex/simple substances,单纯实体

tabula/a blank tablet,白板

unus/one,一

statua corporalis/a material statue,物质的人身塑像

unitas/unity,统一性

universale/universal,共相

virtus intelligendi/the power of understanding,理解能力

附录七

主要术语中外文对照表

（以汉语拼音字母为序）

白板，tabula/a blank tablet

本性，natura/nature

本质，essentia/essence

本质，ousia /essence

本质的完全形态，completa ratio essentiae/the complete nature of an essence

不死鸟，phoenix/a phoenix

部分形式，forma partis/form of the part

次级存在，esse secondum/secondary being

抽象，abstractio/abstraction

纯粹存在，esse tantum/pure being

次级存在，esse secundum/a secondary being

存在，esse/to be，being

存在本身，ipsum esse/being itself

存在者，ens/a being

存在者的存在者，ens entis/a being of a being

单纯本性，natura simplex/simple nature

单纯事物，simplices/simple things

单纯实体，substantia simplex/simple substance

单纯实质，simplices quiditates/simple quidities

单纯性，simplicitas/simplicity

单纯种差，differentia simplex/the simple difference

第三个概念，intellectus tertius/a

third concept

第三样东西，res tertia/a third entity

第一存在，primum ens/the first being

第一单纯实体，substantia prima simplex/the primary and simple substance

第一因，causa prima/the first cause

第一原则，primum principium/the first principle

定义，diffinitio/definition

动物，animal/animal

动物性，animalitas/animality

独立存在，subsisto/susist

独立实体，substantia separata/separate substance

多，pluralitas/plurality

多重存在，multiplex esse/a multiple being

范畴，praedicamentum/category

泛指质料，materia non signata/undesignated matter

非限定性，indeterminatio/indetermination

非物质实体，substantia immaterialis/innaterial substance

非物质性，immaterialitas/immateriality

分有，participatio/participation

分有的本性，natura participata/the participated nature

否定，negatio/negation

复多性，multiplicatio/multiplication

复合事物，composita/composite thing

复合实体，substantiae compositae/composite substances

附着他物的偶性，accidens superveniens/the supervening accident

概念，intentio，ratio/notion

感觉，sensus/sense

感觉本性，natura sensitiva/a sensitive nature

感性存在，esse sensibile/sensible being

感性实体，substantia sensibilis/sensible substance

感性形式，forma sensibilis/sensible form

个体，individuum/an individual

个体化，individuatio/individuation

个体化原则，individuationis principium/principle of individuation

公共存在，esse commune/common being

共同性，communitas/community

共相，universale/universal

固有属性，propria passio/property

建构性种差，differentia constitutiva/the constitutive difference

精确，praecisio/precision

经验事物，posterius/what is posterior

绝对的骨和肉，os et caro absolute/absolute bone and flesh

绝对单纯性，finis simplicitatis/absolutely simple

可能理智，intellectus possibilis/the possible intellect

可理解性，intelligibilitas/intelligibility

肯定命题，affirmativa propositio/an affirmative proposition

类似(性)，similitudo/likeness

理解活动，intelligere/understanding

理解能力，virtus intelligendi/the power of understanding

理性，rationalitas/rationality

理智，intellectus/intellect

理智本性，natura intellectiva/an intellectual nature

理智灵魂，anima intellectualis/the intellectual soul

理智实体，substantia intelligens/intellectual substance

理智性，intellctualitas/intellectuality

两足动物，bipes/biped

灵魂(人的)，anima (humana)/soul (human)

灵魂的个体化，individuatio animarum/individuation of soul

灵智(天使)，intelligentia (angeli)/intelligences (angel)

逻辑的普遍概念，intentiones universales logicae/the universal concepts of logic

逻辑概念，intentiones logicae/logical notion

盲，cecitas/blindness

偶性，accidens/accidents

偶性的形式，forma accidentalis/accidental form

普遍存在，esse universale/universal being

普遍概念，ratio universalis/the notion of universal

其所是，quo est/what it is

潜在，potentia/pothecy

潜在性，potentialitas/potentiality

倾向，aptitudo/aptitude

全整完满性，omnes perfectiones/all perfections

缺乏，privatio/privation

确定的形式，forma determinata/a definite form

确定的质料，materia determinata/a definite matter

确定性，certitudo/determination，certitude

人，homo/man

人的本性，natura humana/human nature

人的灵魂，anima humana/human soul

人的本质，essentia hominis/the essence of man

人性，humanitas/humanity

认识，cognitio/knowledge

认识原则，cognitionis principium/a principle of knowledge

上帝，deus/God

十范畴，decem genera/ten categories

是这个，quod est/that which is

实体，substantia/substances

实体的倾向，dispositio substantiae/the disposition of substance

实体的形式，forma substantialis/a substantial form

实体范畴，praedicamentum substantiae/the category of substance

狮子鼻，nasi curvitas/a snub nose

受造的理智实体，substantia creata intellectualis/created intellectual substance

述说，praedicatio/predication

属相，genus/genus

实质，quiditas/quiddity

特殊形式，forma specialis/a special form

特定的形式，propria forma/a special form

特殊的被理解的种相，species intellecta particularis/a particular apprehended likeness

特指质料，materia signata/designated matter

天使，angelus/angel

统一性，unitas/unity

透明，diaphaneitas/transparency

完满性，perfectio/perfection

完满性等级，gradus perfectionis/degrees of perfection

完全的本质，completa essentia/a complete essence

完全的存在者，ens completum/a complete being

物体，corpus/body

物质的人身塑像，statua corporalis/a material statue

物质事物的形式，forma materialis/material form

先验事物，prior/what is prior

形式，forma/form

形体形式，forma corporalis/corporeal form

形体质料，materia corporalis/corporeal matter

颜色，color/color

一，unus/one

一般形式，forma generalis/a general form

一件事物的其所是，quod quid erat esse/whatness of a thing

意念，intentio/intention

印在质料上的形式，forma impressa in materia/a form impressed on matter

原初纯粹活动，actus primus et purus/the primary and pure act

原初理智概念，quae primo intellectu concipiuntur/the first conceptions of the intellect

原初属相，genus primum/primary genus

原初质料，materia prima/primary matter

原因，causa/cause

原则，principium/principle

原则的多样性，diversitas principiorum/the diversity of the principles

圆满,consummatio/fulfillment

运动,motus, motio /movement

运作,operatio/operation

在者,ens/a being

整体形式,forma totius/form of the whole

这根骨头和这块肌肉,hoc os et haec caro/this particular bone and this particular flesh

知觉,apprehensio/perception

质料,materia/matter

种差,differentia/difference

种差的附加,additio differentiae/the addition of a difference

种差的原则,principium differentiae/the principle of the difference

种相,species/species

主体,subiectum/subject

卓越性,nobilitas/excellence

自存在的存在,esse subsistens/subsistent being

自然,natura/nature

自然实体,substantia naturalis/natural substance

译 后 记

1. 托马斯一生卷帙浩繁，其论著如果全部译成汉字，当有一千七八百万字之多，而且，在他的众多论著中，不乏如《神学大全》、《反异教大全》和《真理论》这样的鸿篇巨制。然而，《论存在者与本质》这部哲学小品却是其中最具形而上学底蕴、最见形而上学系统的哲学精品。若从形而上学的角度看问题，在托马斯的所有论著中，很难找出另外一部论著堪与《论存在者与本质》相媲美、相抗衡。这部哲学小品不仅在西方形而上学史上享有无可替代的地位，而且在托马斯的著作群中也享有无可替代的地位。可以说，托马斯所有的论著，包括他的《神学大全》、《反异教大全》和《真理论》，都是从这部哲学小品获得它们的理论支点或理论基点的。《论存在者与本质》即是托马斯主义的理论高地。我们要历史地理解和把握西方形而上学，我们就不能不读托马斯的《论存在者与本质》。我们要高屋建瓴地理解和把握托马斯主义，我们也不能不读托马斯的《论存在者与本质》。

2. 我本人是从上个世纪末决心集中力量开展托马斯研究之初就开始研读和翻译《论存在者与本质》这本哲学小书的。后来我虽然将主要精力放到了翻译和研究《神学大全》和《反异教大全》上，但对这本小书的研读和翻译（修改译稿）却从未停止过。多年以来，我一直用这本小书作为一个基本教材对武汉大学宗教学专业博士研究生和硕士研究生进行专业训练。我在反复研读和不断翻译这本哲学小书的过程中，不仅越来越感到它在托马斯哲学—神学体系中的崇高地位（感到不理解这本小书，也就不可能高屋建瓴地理解《神学大全》和《反异教大全》），而且还越来越感到它在整个中世纪哲学—神学乃至它在整个西方形而上学史上的崇高地位。这本小书简直就是一个取之不尽的哲学宝藏。我每阅读一次、每参照文本对译文修改一次，都有一次新的收获。然而，至今十多年过去了，我还是感到这本小书中的许多奥义对我依然处于遮蔽状态，呼唤我进一步去阅读、去思考、去品味、去去蔽。相信读者在阅读过程中会产生同感，相信读者通过阅读这本小书，会对托马斯的哲学和神学、西方中世纪哲学和神学，乃至西方哲学史和西方形而上学史有一种新的感受和理解。

3. 在这本小书即将付梓之际，我要特别向商务印书馆的朱泱先生和陈小文先生致以谢意。没有他们的支持和努力，这本小书是不可能这么快地与读者见面的。

另外，我还想借此机会向多年以来一直在课堂上陪伴我研读这本小书的武汉大学宗教学系的博士研究生和硕士研究生们，他们的课堂发言乃至他们的听课本身都给我思考、翻译和不断修订这本小书及其译稿提供了机缘、视域和灵感。

最后，我还想借此机会向多年来一直关心我的托马斯研究的朋友们和同志们表示我的谢意，他们的鼓励和期待一直是我前行的动力。

段德智

2011 年 11 月 20 日于武昌珞珈山南麓

图书在版编目(CIP)数据

论存在者与本质/(意)阿奎那著;段德智译.—北京:商务印书馆,2018(2022.11重印)
(汉译世界学术名著丛书)
ISBN 978-7-100-11796-8

Ⅰ.①论… Ⅱ.①阿… ②段… Ⅲ.①阿奎那,T.(1225~1274)—形而上学—哲学思想—研究
Ⅳ.①B503.21

中国版本图书馆CIP数据核字(2015)第277039号

权利保留,侵权必究。

汉译世界学术名著丛书
论存在者与本质
〔意〕托马斯·阿奎那 著
段德智 译

商 务 印 书 馆 出 版
(北京王府井大街36号 邮政编码100710)
商 务 印 书 馆 发 行
北京艺辉伊航图文有限公司印刷
ISBN 978-7-100-11796-8

2018年11月第1版 开本850×1168 1/32
2022年11月北京第3次印刷 印张6⅛
定价:25.00元